Pensando demasiado

Cómo ordenar y deshacer tu mente. Aumenta rápidamente tu autoestima con meditación, inteligencia emocional, PNL y mucho mas [Overthinking, Spanish Edition]

Aníbal Mida

Nota legal

La información contenida en este libro y su contenido no está diseñada para reemplazar o tomar el lugar de cualquier tipo de consejo médico o profesional; y no pretende reemplazar la necesidad para el consejo médico profesional, financiera, legal o de otro independiente o en un servicio, como puede ser requerido. El contenido y la información de este libro se ha proporcionado con fines educativos y de entretenimiento.

El contenido y la información contenida en este libro ha sido recopilada de fuentes consideradas fiables, y es exacta al leal saber y entender, la información y la creencia del autor. Sin embargo, el autor no puede garantizar su exactitud y validez y no se hace responsable de los errores y / u omisiones. Además, los cambios se realizan periódicamente a este libro como y cuando sea necesario. Cuando sea apropiado y / o necesario, se debe consultar a un profesional (incluyendo, pero no limitado a su médico, abogado, asesor financiero o cualquier otro asesor profesional) antes de usar cualquiera de los remedios sugeridos, técnicas, o información en este libro.

Al utilizar los contenidos y la información contenida en este libro, se compromete a mantener indemne al autor de y contra cualquier daño, costos y gastos, incluyendo honorarios legales potencialmente resultantes de la aplicación de cualquiera de la información proporcionada por este libro. Esta declaración es válida para cualquier pérdida, daño o perjuicio causado por el uso y aplicación, ya sea directa o indirectamente, de cualquier consejo o información que se presenta, ya sea por incumplimiento de contrato, agravio, negligencia, lesiones personales, criminal, o bajo cualquier otra causa de acción.

Usted se compromete a aceptar todos los riesgos del uso de la información que se presenta dentro de este libro.

El usuario acepta que, al continuar a leer este libro, cuando sea apropiado y / o necesario, se consultará a un (asesor o cualquier otro asesor, según sea necesario, incluyendo, pero no limitado a su médico, abogado o financiera) antes de usar cualquiera de los remedios sugeridos, técnicas, o información en este libro.

Tabla de contenido

Introducción

Felicitaciones por la compra pensamiento excesivo y gracias por hacerlo.

Los siguientes capítulos discutirán ampliamente en lo que el pensamiento excesivo, es decir, los peligros y las consecuencias de pensar demasiado y cómo volver a cablear el modo de pensar de pensar en positivo y mejorar la autoestima.

El pensamiento excesivo es un crítico y un problema mundial que tiene mil millones de personas afectadas. Muchas personas no saben lo que está en la superficie, pero no tienen un conocimiento profundo de cómo satisfacer a nuestra mente. De hecho, la mayoría de las personas que viven en el mundo no tienen una idea de que son pensar demasiado. El pensamiento excesivo no es una enfermedad, sino un hábito poco saludable que nos lleva a nada bueno. Es más peligroso y potente que las armas nucleares.

Entonces, ¿cómo sabes que vas a pensar demasiado en cuestiones? ¿Cómo sabes que no estás pensando demasiado? ¿Cómo sabes que su mente está sana y que no está sufriendo de problemas relacionados con un volver a pensar? ¿Lo que hace que el pensamiento excesivo? ¿Cómo se puede pensar demasiado reducido? ¿Tiene algún efecto psicológico, emocional o física de la víctima afectada? Estos y muchos más son lo que este libro trata de exponer.

Además de pensar demasiado, este libro también se ocupa de lo importante que es mantener una mentalidad positiva, no sólo en un ambiente de trabajo o la escuela, pero en cualquier lugar que vaya a y mantener todo el tiempo. El problema de desorden es nuevo, otro problema global que afecta a los niveles de productividad y la concentración de las personas. En un lugar de trabajo, la escuela, los sitios industriales, comercios al por menor, que tienen una mente desordenada resultados al progreso cero. Una mente desordenada está bloqueando a sí mismo de ver las oportunidades y el reconocimiento de ellos. Este libro explica críticamente lo que estorba estos son, por qué están presentes, que los consigue, de efecto y posibles soluciones sobre la manera de detenerlos. Una de las soluciones, como se explica en detalles en este libro para detener su mente de ser estorbado es mediante el pensamiento positivo. Le explicamos cómo esta reducir una mente desordenada,

Las personas que se asocian con la también tienen una influencia sobre ti. La asociación con los negativos le descarrilar el logro de sus metas y convertirse en productiva. El mantenimiento de un círculo positivo, por el contrario, es ventajoso y, con mucho, lo que tiene que ser progresiva. Este libro discute consejos sobre cómo superar estas personas negativas y cómo atraer positividad en su vida.

Muchas personas no son conscientes de que el medio ambiente tiene un efecto psicológico en una persona. Cómo desordenado es un entorno determina su nivel de trabajo de entrada como de salida. Este libro habló sobre los efectos psicológicos estos estorban tienen sobre una persona y formas Para suprimir un entorno para la salida máxima. Este libro proporciona toda la información útil que necesita para suprimir elementos de su mente y liberarla de las garras de pensar demasiado. Con consejos prácticos enumerado y explicado en este libro, que, como el lector está seguro de tener un impacto positivo después de la lectura.

¡Hay un montón de libros sobre este tema en el mercado, gracias otra vez por elegir este! Se hicieron todos los esfuerzos posibles para asegurar que está lleno de información útil tanto como sea posible, por favor, ¡disfrutar!

Capítulo 1: Sobre pensar

¿Cuál es el pensamiento excesivo?

No existe una definición compleja de lo que el pensamiento excesivo es. Simplemente significa pensar demasiado, incluso cuando es innecesario. Al analizar más las cosas, o tiene pensamientos repetitivos, en lugar de realmente actuando, simplemente está pensando demasiado.

¿Usted puede preguntar, "está pensando demasiado saludable? ¿Qué hacer pensar demasiado a una persona?". La verdad es una persona que piensa más es para nada bueno. Se obstaculiza su capacidad de progresar, le impide hacer ciertas decisiones que conduzcan a que el logro de sus objetivos, y le mantendrá estancada. En su lugar, se mueve en círculos. Como una persona en un bucle. Una persona sobre pensando no es eficiente y totalmente indeciso. A veces, él / ella dice que es útil para el cerebro. ¡No, no es! Una persona que sobre pensando generalmente se preocupaba por las cosas que están fuera de su control.

En ciertas situaciones, a veces, es bastante inevitable pensar. Cuando algo malo sucede o terribles, no puede ayudarse a sí mismo, sino que piense y luego, se termina pensar demasiado. Cuando se ve a sí mismo en los mismos errores, no puede ayudarse a sí mismo, sino a pensar demasiado. Con la esperanza de que una posible solución podría simplemente subir. Usted comienza a cuestionarse a sí mismo y un montón de cosas acerca de usted. En este punto, los pensamientos negativos comienzan a invadir su mente. patrones de pensamiento negativos, las emociones negativas devoran a su facultad de pensar y se quedan atascadas en sólo en busca de una solución. Todo en nombre de pensar demasiado. La mayoría de las veces, es posible que probablemente terminará no dar con alguna solución. Usted acaba de perder su tiempo y energía en pensar demasiado. Nunca es una solución a cualquier problema. Cuanto más se cae, más se siente enojado, insatisfecho, decepcionado y triste. Tenga en cuenta que el pensamiento no es un problema, pero cuando pensar demasiado, se convierte en uno.

Los signos de pensamiento excesivo

Cuando usted está involucrado en el pensamiento excesivo, es posible que no lo sepa. Por lo tanto, es esencial que reconozca las señales que hacen que un pensamiento excesivo. A continuación, se presentan los signos básicos adecuados. Estas señales le ayudarán a darse cuenta de que el pensamiento excesivo hace más daño que bien.

- Tengo problemas para dormir porque mi cerebro no va a obtener un descanso.
- Revivo embarazosa situación una y otra vez.
- No puedo conseguir yo a dejar de preocuparse por mis problemas.
- Cuando alguien dice o hace algo no me gusta, sigo repitiendo en mi cabeza.
- Pasé un montón de tiempo a preocuparse por las cosas que no puedo controlar.
- Me libero constantemente mis errores.
- Me paso mucho tiempo en preocuparse por el significado oculto en lo que digan de mí.
- Les pido un montón de lo que "si "preguntas sobre mis acciones y eventos en mi vida.

Una persona que sobre piensa tiene dificultades para contribuir a una conversación. Él / ella está ausente de mente y cuando finalmente se recupera de pensar demasiado, se puso fin a la conversación. La persona comparará continuamente a sí mismo / a sí misma a la gente de su edad o de su alrededor en todas las ramificaciones.

Tipos de pensamiento excesivo

Dos tipos de pensamiento excesivo son comunes; reflexiones y preocupaciones futuras pasado.

reflexiones pasado es simplemente insistir en los acontecimientos del pasado. Ejemplo; la muerte de un ser querido, un error, etc. Estos eventos no pueden salir de su mente, de modo, que acaba de seguir pensando demasiado.

preocupaciones futuras está pensando en el resultado de los acontecimientos en el futuro. Las incertidumbres son a nublar su mente y no se puede dejar de pensar en los peores escenarios posibles. Sus pensamientos comienzan así: "¿y si lo hice o hago esto?" "Está tomando este paso lo que hay que hacer?" "¿Por qué debería dar este paso?". Tal persona está preocupada acerca de eventos futuros y si él / ella es capaz de lograr ciertos objetivos. Y entonces, todos sus pensamientos se vuelven negativo.

Las personas que experimentan problemas sobre pensando generalmente tienen algunas cosas en común, su medio de vida y calidad de vida se pone en peligro. La capacidad de controlar sus emociones se pierde, y tienen un tiempo difícil, hacer amigos. Su vida social se ve comprometida, y que luchan para comunicar sus sentimientos, emociones, o compartir sus problemas con la gente. Sobre pensar crea problemas integrales para usted y puede tomar un peaje en su vida personal.

Relación entre el pensamiento excesivo y trastornos psicológicos.

Puede que le interese saber que el pensamiento excesivo se ha relacionado con trastornos psicológicos, como trastornos de ansiedad y depresión. La mayoría diagnóstico de salud mental, incluyendo la de los trastornos de ansiedad como el trastorno de estrés postraumático, SAD, fobias, todos tienen reflexiones constantes o pensar demasiado como su potencial de los síntomas. Una persona que es obsesivo podría desencadenar un trastorno mental. Los que tienen trastornos mentales y siempre son distraído. Volvieran a vivir el pasado constantemente.

Los trastornos de ansiedad son el tipo más común de los trastornos emocionales. Cuando la ansiedad alcanza un nivel desproporcionado, se dice que una tal persona sufre de un trastorno de ansiedad. Debido a que su cerebro está siempre está preocupado por lo que viene a continuación, o lo que no es, se dispara sobre pensando y la ansiedad. Sobre pensar es un síntoma sobresaliente de una persona que sufre de un trastorno de ansiedad. La ansiedad y el pensamiento excesivo se entrelazan.

Por lo tanto, si usted nota que pensar demasiado, puede ser un signo de un problema de salud mental.

Efectos del pensamiento excesivo

El pensamiento excesivo tiene muchos efectos sobre la persona afectada. Afecta a la capacidad de la persona para funcionar. Afecta a la capacidad de la persona para funcionar en el trabajo, la escuela, o en un entorno de construcción. La persona afectada está preocupada por algo, incluso si no hay absolutamente nada de qué preocuparse. Hay una pérdida general de la autoestima. Usted se ve como inferiores a otras personas y que siente que está constantemente amenazado por alguien que no es uno.

Efectos de sobre pensar incluye;

- **menos creatividad**

Al pensar demasiado, que tienden a ser menos creativos. El cerebro funciona mejor cuando está tranquilo y sin ser molestado por ningún pensamiento vigoroso. Pensar demasiado, por el contrario, es destructiva y perturba los procesos cognitivos del cerebro. Se puede hacer pensar en nuevas soluciones y nuevas ideas, un reto.

- **Esto causa el insomnio**

Es obvio que mientras que usted está pensando en un evento o el otro, le resultará difícil conciliar el sueño. Su cerebro y el cuerpo necesidad de estar en un estado de calma antes de poder dormir. Pensar demasiado, por el contrario, actuar como disuasión. Usted se convierte en mentalmente agotado y comienza a sufrir de la privación del sueño.

- **Aumenta el nivel de estrés**

El pensamiento excesivo no sólo viene desde el aire. Se necesita algún tipo de energía mental para hacer eso. Lo curioso es que conduce a la nada, aparte de hacer hincapié en sus cerebros que habrían sido desviados a algo más productivo y orientado a objetivos.

Sobre pensar causas del estrés y la fatiga mental mediante la liberación de la hormona del estrés, el cortisol. El cortisol es la respuesta del cuerpo al estrés. Por lo tanto, cuanto más hincapié en el cuerpo, más la hormona se produce, lo que hace que el cuerpo se agota más.

Recordamos, hablamos de la relación entre el pensamiento excesivo, la depresión y la ansiedad. El estrés es un síntoma y una reacción a ellos. Al pensar demasiado, se vuelven ansiosos y esta respuesta de disparo voluntad.

- **Afecta su apetito**

El pensamiento excesivo puede tener un tremendo impacto en su sistema digestivo. El pensamiento excesivo provoca estrés, que a su vez crea problemas gastrointestinales. Sólo se va a comer juncos y otros alimentos poco saludables que es perjudicial para su salud.

- **El pensamiento excesivo afecta a su piel**

El estrés es un descendiente de pensar demasiado. Cuando se cae él, que afecta a una gran cantidad de ingredientes y estructura que es responsable de mantener su piel sana y brillante piel. Trastornos de la piel como dermatitis, psoriasis son efectos comunes de pensamiento excesivo.

- **Su sistema inmunológico se ve afectado**

El pensamiento excesivo afecta el sistema de defensa natural de su cuerpo, por lo que es susceptible a las enfermedades e infecciones. Esa es la razón por la cual la mayoría de las veces, se enferman cuando se está estresado.

- **Aumenta las posibilidades de tener una pérdida de memoria**

Sobre pensar puede nublar sus juicios y su proceso de toma de decisiones, debido a que su memoria se ve afectada. Una persona que está reviviendo los acontecimientos en el pasado consigue su / su memoria atrapado en esos eventos. Tal persona pierde contacto con la realidad actual y, por lo tanto, aumenta su / sus posibilidades de tener una pérdida de memoria.

- **Afecta a su proceso de toma de decisiones**

A veces, cuando más de analizar posibles soluciones a un escenario, se termina o no tomar la decisión correcta o no tomar la decisión en absoluto. Se trata de un concepto llamado parálisis de análisis.

Es incapaz de tomar ciertas decisiones, ya que está analizando todas las posibles posibilidades de lograr un fracaso. Incluso cuando no tomar tales decisiones, se hace el mal porque sus pensamientos han conseguido todo mezclado con la negatividad y la incertidumbre. "¿Qué pasa si esto y que no va bien?" "¿Cuál será el resultado si tomo este paso? Preguntas como esta le impide tomar acción al final del día. Una persona que piensa en exceso le resulta difícil tomar riesgos, no importa lo poco que sea. Esto es así porque en cada cruce, tal persona es encontrar un resquicio para el fracaso. Tomar riesgos es parte del éxito. Cada persona de éxito por ahí ha dado un riesgo o la otra. En un momento en el tiempo, podrían haber fallado en realidad, pero eso no fue el final. Una persona que nunca piensa en exceso ve las cosas de esa manera.

- **El pensamiento excesivo es la base de los problemas de salud**

El estrés emocional, que es la secuela de sobre pensando desencadenantes muchas enfermedades de salud que no se puede imaginar. Sobre pensar causas; dolores de cabeza, mareos, náuseas, e incluso un paro cardíaco. La depresión se convierte en el orden del día, si no es tratada.

- **Esto causa problemas de salud cardiovascular**

La presión arterial alta, dolores en el pecho, son algunos de los problemas de salud cardiovascular un volver a pensar causas. Sobre pensar también hace que sus vasos sanguíneos para ser más delgada, por lo que es difícil que la sangre fluya correctamente, y causa varias otras glándulas a funcionar mal tiene también.

- **Una persona que piensa en exceso aumenta el riesgo de morir prematuramente.**

La investigación ha demostrado que las personas que murieron a una edad temprana tienen un menor nivel de una proteína llamada REST. Esta proteína es conocida para calmar el cerebro, en caso de que se vuelve hiperactivo. Si usted es un sobre pensador, corre el riesgo de su salud de la reducción de sus niveles de proteína REST, lo que significa que está poniendo su vida en riesgo de morir prematuramente.

- **Sobre pensar aumenta el riesgo de alopecia**

¿Notado que la mayoría de pensar demasiado tienen cabezas calvas? Bueno, todo se reduce a pensar demasiado. Al pensar demasiado, el cabello se cae a un ritmo mucho más rápido.

Capítulo 2: Causas de pensamiento excesivo

El pensamiento excesivo es un problema grave que afecta al 80% de la población mundial. Es bastante normal para el ser humano para pensar, pero cuando nos sobre pensar temas, eventos y situaciones, se vuelve poco saludable y conduce otras cosas poco saludables en nuestras vidas.

Entonces, ¿qué son entonces las causas de pensar demasiado? ¿Cuáles son los factores que desencadenan su existencia en la que los seres humanos?

Falta de autoestima

Cuando la fe perder y cree en sus capacidades para competir contra otras personas, usted comienza a pensar demasiado. Una persona que carece de autoestima constantemente se ve como lo suficientemente bueno inferior y no. Él / ella piensa que no merecen estar donde están. Ellos asumen las personas los critican a sus espaldas. Se sienten gente mira hacia abajo sobre ellos todo el tiempo, a pesar de lo contrario puede ser el caso. cuestiones tales personas piensa en exceso y pueden incluso retirar a sí mismo / a sí misma por parte del público. A continuación, se disocian de cualquier forma de socialización. Cuando falta la confianza para hacer algo, se empieza a imaginar cosas. Usted comienza a imaginar a sí mismo como un fracaso. Cuando se complementan para hacer algo bueno, se siente que es una forma de broma. Usted asume que no tiene lo que se necesita para tener éxito en el mundo real. Entonces tú,

Temor

¡Si! El miedo hace que pensar demasiado. El miedo a lo desconocido, miedo a un evento en particular hacia el sur, temor a equivocarse, el miedo de perder a un ser querido son todos síntesis de pensar demasiado. Pensar demasiado tienen este deseo ardiente por el perfeccionismo, así, pueden no aceptar nada menos que eso. No se equivocan, el fracaso no es una cosa bien, pero la gente que falla sensación pensar demasiado, sólo demuestra lo malos que son. Ellos no ven el fracaso como algo inevitable y algo que usted debe aprender. Cuando usted siente que su casa puede ser robada en cualquier momento, ya que han experimentado un incidente de este tipo, se empieza a pensar demasiado en ese momento. Incluso cuando se está seguro, usted todavía siente que su vida está amenazada, de un modo u otro. El miedo también puede nacer de comportamientos irracionales. Por lo tanto, no tiene que entrar en un patrón. A veces, personas que viven en constante temor a su vez a los depresores y alcohol para suprimir sus pensamientos negativos. Y luego, se convierten en adictos y alcohólicos.

Ansiedad

Estar ansioso no es malo. Esa es una de las cosas que nos hace humanos. Sin embargo, cuando llegamos a ser excesivamente ansioso, se convierte en un problema. En este caso, esa persona es un sobre pensador. Tal persona está preocupada por el resultado de los acontecimientos, lo que conduce a análisis y más análisis. Presión establece en y, a continuación, que se estresan. Las personas que piensa en exceso sienten que tienen que tener el control absoluto, sobre todo, incluyendo sus futuros. Ellos no pueden hacer frente a lo que depara el futuro para ellos, por lo tanto, se obsesionan y luego, piensa en exceso. Tienen miedo de resultados negativos, los cuales hacen que se contemplan en lugar de dejar que sea. A veces, la ansiedad afecta a su proceso de toma de decisiones porque piensan demasiado.

Falta de confianza

La falta de confianza en su persona es otro factor que hace que pensar demasiado y afecta el proceso de toma de decisiones. Debido a que usted tiene miedo de tomar la decisión equivocada, a analizar las situaciones hasta que se han acumulado tantas opciones en su cabeza. Al final del día, no es capaz de tomar una decisión de sus opciones disponibles. Todo debido a que no confían lo suficiente como para seguir adelante. Su cerebro se bombardea con varios pensamientos y se siente confundido y mentalmente agotado incluso para llegar a una solución. Usted es sin duda un sobre pensador si se va por este proceso.

Trauma

Ya se trate de un trauma emocional o psicológica, esto puede causar una persona a pensar demasiado. Por ejemplo, una víctima de violación siempre va a revivir esos momentos cuando él / ella fue violada sexualmente. Tales encuentran a una persona que sea difícil para formar relaciones saludables con el sexo opuesto, debido a la experiencia. Un individuo es un traumatizado sobre pensador y se separarlo / a sí misma de la socialización con la gente, especialmente del sexo opuesto.

Aparte de abuso sexual, una persona traumatizada puede revivir los momentos que él / ella perdido un ser querido. Por ejemplo, la muerte de un cónyuge puede hacerte pensar demasiado esos momentos especiales que compartieron con dicha persona antes de su muerte. Usted está rumiando constantemente las posibilidades y escenarios de ahorrándole tales personas si estuviera allí. Se empieza a hacer preguntas acerca de un posible escenario de este tipo, "si yo estaba allí, probablemente se habría vivido más tiempo". La mayoría de las veces, que tienen dificultades para traer de vuelta al presente. Le resulta absolutamente difícil desprenderse de sus pensamientos, porque se siente agobiado.

Depresión

La depresión y el pensamiento excesivo son como cinco y seis. La pérdida y la frustración, la tristeza, son todos factores que causan la depresión. Y cuando se deprime, su comportamiento se vuelve rige por pensamientos pesimistas, lo que da forma de pensar demasiado y problemas de concentración. La depresión también, da paso a medicamentos, alimentos, cigarrillos, y la dependencia del alcohol. El trauma es otra causa principal de la depresión, ya que usted abandona en los pensamientos del pasado. Una persona deprimida, a veces sufre de problemas de desrealización. Él siente que el mundo es irreal, plana, sin brillo, y extraño y se siente alejado de la realidad.

Finanzas

Si son bajos en las finanzas, se rompió o se dio cuenta de que perdió una inversión a sitios fraudulentos, lo más probable es que son propensos a beber lejos sus problemas en un bar y pensar demasiado. La mayoría de las personas se recuperan de esto, sin embargo, mientras que otros viven en su pérdida y situación de totalidad.

Obsesión

Preocuparse incesantemente por el bienestar de una persona se conoce como obsesión. ¿Por qué es normal que la preocupación y el cuidado de un ser querido o algo así, ser obsesivo sobre tales personas o algo no es saludable y que te hace pensar demasiado? Incluso cuando la persona que cuida es justo a su lado, se asume que cuando una persona sale de este tipo, algo que podría suceder a él / ella. las personas obsesivas a menudo desarrollan un tipo de trastorno de ansiedad porque se ven inmersión en sobre pensando cada vez.

Capítulo 3: La sobrecarga de información

El cerebro no está diseñado para procesar un conjunto de información al mismo tiempo. Cuando el cerebro está pensando en varias cosas al mismo tiempo de proceso, el cerebro se estresa. Cuando se estresa su cerebro, su funcionalidad se reduce. Su productividad se reduce casi a cero. Esto se debe a que su cerebro se confunde acerca de la información que realmente proceso.

El término sobrecarga de información simplemente significa la abundancia de suministro de demasiada información. Es obvio que vivimos en la era de la información, donde tenemos acceso a las noticias sin fin, vídeos y otros. La tecnología y la era digital ha hecho posible que la información sea al alcance de nuestras manos. Los medios sociales y el Internet son ampliamente considerados como los factores más influyentes en este sentido. Estamos más expuestos a la información y consumir información diaria. Existe una dependencia más en la información. La gente se conecta a Internet para el acceso de información uno o el otro. Hay más información ahora para absorber lo que eran, 10, hace 15, 20 años. Se espera que el cerebro, que es el centro de procesamiento de absorber y procesar toda esta información a la vez. ¿Cómo es posible eso? Como se ha explicado al principio de este capítulo, el cerebro está configurado para sólo manejan tanto como fuera posible. Se limita a la cantidad de información que puede almacenar en su memoria. Entonces, nosotros tenemos la mente que presta atención a alrededor de tres a cuatro a la vez. Cualquier cosa más allá de eso es suicida. Usted se convierte en fuera de foco, sus pensamientos se vuelven claro y su proceso de toma de decisiones se hace más lenta y más pobre. La complejidad de la información hace que el tomador de decisiones se enfrenta a dificultades en la determinación de la siguiente mejor acción posible tomar. El tomador de decisiones razonamiento cognitivo es usurpada por la cantidad de información que ha tomado. El tiempo y los recursos se desperdician y su decisión de decisiones rendimiento se reduce al mínimo. Es posible incluso presenciar una parada cerebro. En ese momento, usted no puede pensar en nada. Usted está a sólo allí. Se llevará algunos segundos antes de darse cuenta dónde está y lo que piensa hacer. Esa es la experiencia de las personas con exceso de información se someten.

Si usted quiere hacer las cosas más rápido y ser más creativo con su pensamiento positivo, es necesario reducir la cantidad de información que está asimilando. Es necesario poner límites a la cantidad de información que está absorbiendo. Al hacer esto, usted está gastando menos tiempo en conseguir tareas hechas.

Las causas de la sobrecarga de información

Varias causas de la sobrecarga de información abundan. Hay tantas causas como son los beneficios. Estar al corriente de las últimas noticias no es un problema. El problema aquí es que estamos tomando tanto que nuestro cerebro no puede procesar. Nadie es capaz de tomar tantos como miles de noticias todos los días. Entonces, ¿por qué seguimos hincapié en nuestro cerebro a cabo a pesar de que ha llegado a su límite? Cavando en busca de información puede ser abrumador, y conduce a la confusión y, por supuesto, la sobrecarga de información.

Las causas de la sobrecarga de información incluyen;

- La presión para mantenerse al día - Uno siempre quiere ser el primero en saber cuándo algo ha sucedido. Factores como el aburrimiento también es responsable de esto. A mantenerse pegado a los medios de noticias y siempre quiere algo de consumir para satisfacer su aburrimiento. Usted está inmerso en el flujo de información, ya que son presionados para conseguir una cosa o la otra. En la búsqueda de saber más, en realidad se está dando a sí mismo el exceso de información, que te deja deprimido, estresado y confundido la mayoría de las veces.

- La abundancia de canales de información que están disponibles para nosotros - Teléfono, correo electrónico, las redes sociales son fácilmente los canales más utilizados para la difusión de información. Correo electrónico, por ejemplo, recibe más de 300 mil millones de mensajes de correo electrónico en todo el mundo todos los días. La gente tiene problemas constantemente pasando a través de sus mensajes de correo electrónico, para seguir el ritmo de los correos electrónicos entrantes y filtrado de mensajes de correo basura, así como eliminar los mensajes no deseados. Los lugares de trabajo, las empresas, las compañías se centra en el uso de correos electrónicos para llegar a mil millones de consumidores, trabajadores y socios de negocios. Millones de personas de inscripción para los boletines de noticias en los sitios web para recibir las últimas noticias acerca de un nicho con los mensajes de correo electrónico. La cantidad de una información se expone a través de los canales hace que sea difícil para la persona a pensar con claridad. ¿Imagínese la filtración de su casilla de correo electrónico durante todo un día? Podría tener un impacto en su proceso de pensamiento.

Lo mismo vale para el canal de medios de comunicación social. Los mil millones de datos se transmiten a través de este canal de todos los días y esa es la razón detrás de la sobrecarga de información. Ver diferentes puntos de vista sobre temas. Algunos que parecen confundir y algunos que parecen un insulto. Estas cosas pueden causar sobrecarga de información, ya que será arraigada en sus pensamientos, el análisis de la información consumida, los diferentes puntos de vista, y las reacciones en la materia.

- Jornada para difundir y compartir información con amigos y colegas - Usted quiere estar en el círculo de la "sabe". Uno siempre quiere ser la primera persona para compartir una información con un amigo, colega o un familiar y ser etiquetado como "el centro de información". El rápido crecimiento de las aplicaciones y canales de difusión como otras redes de medios sociales Facebook y ha influido mucho en la búsqueda de información Exceso de acciones con otros usuarios. ¿Quieres ser la primera vez que siempre dan en el botón de acción o el botón de mensaje? Los medios de comunicación social crean una distracción como la gente se consumen por la cantidad de información disponible para ellos, tanto que se convierten en los controladores de cómo utilizan dicha información. sobrecarga de los medios de comunicación social tiene un impacto negativo en la productividad y ha dado lugar a un mal proceso de toma de decisiones.

- La desesperación se acumule más información con fines de almacenamiento - De acuerdo con un desarrollador de juegos famosos, la gente quiere consumir información, no porque lo necesitan en ese momento, sino porque lo necesitan, por si acaso algo del tipo brota. Por lo tanto, consumen la información con fines de almacenamiento. Se llama, "la situación justo a tiempo frente por si acaso".

La mayoría de las veces, ya que la información que se consume no tiene un propósito inmediato, que puede resultar difícil digerirlo e incluso puede olvidar que en el largo plazo. Tomemos, por ejemplo, se aprende un tema en la escuela porque es obligatoria y luego, se aprende otro que no es obligatorio o no pertinentes con el ambiente escolar. Hay una mayor probabilidad de que retener esa información, porque sabes que iba a necesitar para un examen o exámenes, en comparación con los que el aprendizaje de una escuela fuera de tema, porque siente que podría necesitar dicha información en el futuro. Y debido a que está aprendiendo un tema que está fuera de un entorno escolar y no relacionada con qué y por qué usted necesita aprender en ese momento, le resultará difícil aprendizaje.

- La alarmante tasa a la cual se produce la nueva información al día - Los medios de comunicación es una industria competitiva, con las empresas que tratan de afirmar su autoridad. Hay una prima sacada de la rapidez de noticias llega al público. Esto lleva a la competitividad entre las empresas de medios de prensa en el mundo. Las empresas de medios se centran en cómo ganarse al público con la forma fiable y rápido la noticia llega al público, por lo que querrían estar en la cima de su juego "A". Sin embargo, la búsqueda de las empresas de medios para tener una ventaja competitiva sobre la otra, a veces conduce a la difusión de falsificación o informes falsos. La calidad de las noticias se ve afectada y se nos deja a deliberar si el informe es en realidad verdadera o falsa. Al final del día, es la cantidad sobre la calidad. Durante el proceso de análisis de la información, estamos sobrecargando nuestro cerebro con pensamientos innecesarios.

- Inexactitudes y la información de los datos disponibles - La fiabilidad de la información depende totalmente de la fuente. Internet, por ejemplo, tiene más de un millón de sitios web, más de mil millones de páginas de información y más de 2,5 billones de bytes de datos todos los días, que es accesible a los investigadores. Esto ha permitido a los usuarios a encontrar rápidamente cualquier información que deseen, siempre y cuando la información está disponible. Sin embargo, algunas de estas informaciones pueden ser incorrectos con precisión. Esto se debe a que es la autoridad oficial que está respaldado por la ley para comprobar la autenticidad de esta información antes de su publicación. Por lo tanto, lo que lleva a la desinformación del público. Dado que se intercambia información y se comparte, se hace difícil controlar la información, volando en torno a Internet. El resultado obvio es la gente, la comparación de sus hechos antes de tomar una decisión determinada.

- Un método cognitivo erróneo acerca y la asimilación de los diferentes tipos de información - Este es un caso de la comprensión de la información asimilada porque es necesaria la comprensión frente a la información obligatoria. Lo que esto significa es la forma en que nos acercamos a la información y asimilar determina cómo los procesos cerebrales y cómo conservar la memoria. Parte de la información tiene diferentes modos de enfoque. Parte de la información se absorbe mejor en bits que en su conjunto, mientras que otras pueden ser absorbidos en su conjunto. Si la información es engorrosa, es mejor que lo asimilan los bits por bits. Esto permitirá que el cerebro no estresarse. Sin embargo, tratando de asimilar la información engorrosa todos a la vez se acaba de interrumpir el cerebro procesa la información y la causa de sobrecarga.

- La gran demanda de información histórica - Los historiadores hacen uso de la Internet a diario a excavar algunos hechos históricos. No historiadores también hacen uso de la Internet y los medios de comunicación impresos para averiguar acerca de ciertas cosas que está conectado con el pasado. Navegan a través de numerosos sitios y analizan hechos cada fuente publicada para derivar algunos elementos de verdad y originalidad. Durante este proceso de análisis, que están sobrecargando sus cerebros con la información. Hay un choque de hecho acerca de la incidencia y la persona está tratando de descubrir lo que es realmente mal. Por lo tanto, haciendo hincapié en el proceso de cerebro y provocando la sobrecarga de información.

Cómo evitar la sobrecarga del cerebro de información

Hay un número cada vez mayor de los esfuerzos y soluciones a nivel mundial para reducir la sobrecarga de información al mínimo. Algunos son sugerencias y otros son sólo ensayos. Algunos países están poniendo algunas regulaciones para el uso de Internet y las redes sociales a la sobrecarga de información acera. Sin embargo, la solución general de poner freno a la sobrecarga de información es;

La reducción de la cantidad de información absorbida

Sólo podrán optar a la información que necesita. No vaya acerca de tomar la información porque usted lo desee. Más bien, digerir la información porque es necesario. En lugar de leer todas las historias que las tendencias en línea, elegir el que es más importante para usted. Eso no me no debidamente la influencia sobre la búsqueda de conocimiento. Lo más importante es que no se debe sobrecargar el cerebro con información que no es necesariamente necesario en este momento. Se filtra la cantidad de información que necesita. Si es imposible de prensa de filtro, evita los medios de comunicación por sólo un día y verá qué tan efectivo que se convertirá.

Emplear un enfoque cognitivo para asimilar mejor la información

Tomando en información no es sólo la cosa principal. Lo más importante es la forma en que el cerebro procesa la información. ¿Cómo conservar la memoria la información que acaba digerido? Aquí es donde se necesita métodos cognitivos emplean para retener la información en el cerebro.

Otros métodos de evitar la sobrecarga de información son;

Limitar la cantidad de mensajes de correo electrónico y boletines muestra-para arriba

A pesar de la caída en el número de correos electrónicos que se envían y se reciben, una cantidad considerable de mensajes de correo electrónico todavía se desborda su bandeja de entrada. El uso del correo electrónico ha llevado a muchos a dedicar su tiempo a leerlos y preparar respuestas. Con el fin de frenar esta adicción de correo electrónico, limitar el número de suscripciones a boletines informativos y el trabajo sobre la clasificación de su correo electrónico. No se debe leer todos los correos electrónicos que se despliega en su bandeja de entrada. Ordenar sus mensajes de correo electrónico según su importancia en carpetas y borrar cualquier correo electrónico innecesario. Hacer estas viene con disciplina. Lo que significa que, si carecen de la disciplina, que no tendrá valor para ordenar sus mensajes de correo electrónico. Desactivar las notificaciones de correo electrónico, especialmente en su teléfono, ya que es la principal fuente de distracción.

Reducir el uso frecuente de los medios sociales y desactivar los medios de comunicación social Notificaciones

Para los perfiles individuales, es necesario dar prioridad a las actualizaciones de las personas que conoces y deshabilitar las notificaciones. Notificaciones le permite comprobar rápidamente lo que la notificación se trata. La mayoría de las veces, que están atrapados haciendo otras cosas en las redes sociales como la charla con otros amigos en línea, leer noticias, ver vídeos virales, etc. Las notificaciones son las distracciones y deben estar completamente desactivado o prioridad a la eficacia. La clave aquí es el uso de límite y la cantidad de información de amigos comunes.

Regular la cantidad de tiempo que pasa en Internet

El Internet es un muy gran lugar con una gran cantidad de información de fuentes fiables y no fiables. La mayoría de las veces, la información que busca en Internet es una noticia. Para reducir la cantidad que dependen de Internet para las noticias, elija una fuente de noticias fiable y de inscripción para sus boletines de noticias. De esta manera, está seguro de que la noticia de que va a obtener no sólo es falsa o no verificada noticias. En el caso de realizar una extensa investigación, el uso de Internet con prudencia y moderación.

Ponga sus pensamientos al papel

Sea lo que está pasando en esa mente tuya, asegúrese de que lo escriba. Esos pensamientos están interfiriendo con su capacidad de concentración. A continuación, establezca prioridades claras. Determinar si hay tareas que se pueden realizar o no dentro de un marco de tiempo dado. Empezar desde el más pequeño y ascender. Escribir sus pensamientos borra la mente y libera el espacio mental para otras actividades mentales.

Grupo de tareas similares juntos

Similar a priorizar tareas. Completar las tareas que son similares en su ejecución. Si usted está planeando para ver a un amigo al otro lado de la calle y se recordado que tiene una o dos cosas para conseguir en un supermercado, hacer todos ellos a la vez. Se mejora la eficiencia de tiempo y recursos. Te hace estar centrado y terminar sus tareas en ningún momento.

Evitar la multitarea

La simple verdad es multitarea es mala y engañosa. Engañosa en el sentido de que está haciendo usted asume que en realidad se está gestionando el tiempo y los recursos de manera eficiente. Considerando que, no le cuesta más. No le cuesta más tiempo, más recursos y se acaba de completar las tareas a medias.

El cambio entre tareas es tan exhaustivo como atleta profesional no correr un maratón. Multitarea hace sentir distorsionada y desorganizado. Tomar una tarea a la vez. Completarla antes de comenzar otra. Tomar un descanso en el medio cada tarea. Mantiene su cerebro repostado para las tareas posteriores.

Comience el día con una mentalidad positiva

¿Alguna vez ha notado que las decisiones que hacen y cómo se preparan su mañana determina cómo el resto del día se iría? Las mañanas son tiempo de tranquilidad para usted para hacer algunas reflexiones y tomar decisiones del día. No dude en tomar decisiones en este periodo. Del mismo modo, no empezar la mañana en una mala nota. La energía para comenzar las luchas del día es la más alta en la mañana, por lo que lo puso a algún uso bueno. Hacer algunos ejercicios. Realizar actividades que mantendrán su brillante de la mañana y sencillo. Sólo decisión hace que sean necesarios e inmediata. No pasar la mitad de su tiempo, deliberar sobre por qué usted debe tomar ciertas decisiones. Ellos son paleros de energía.

Tomar un descanso

Hablamos de tener un descanso en el medio tareas. Hacer esto aumenta sus niveles de eficiencia y concentración en el largo plazo que los que no lo hacen. Su cerebro es reabastecido de combustible en cada intervalo de descanso. Por lo tanto, teniendo un poco de descanso es un gran paso para ser más creativos y productivos en su lugar de trabajo. Puede sonar estúpido y poco ético si su son vistos tomando una siesta durante las horas de oficina o en la escuela, pero es muy eficaz. Un 15-30 minutos siesta aumenta su índice de inteligencia en más de 10 puntos.

Capítulo 4: Cómo Desordenar su mente

La mente es una herramienta poderosa que puede dar forma a su vida y la realidad. Si está atestado de negativos, entonces usted está en para el cero el progreso y el retroceso gradual. No hay nada absolutamente peor que tener una mente desordenada. Se le hace descarrilar, drena su energía y le hace nada más que dolor y sufrimiento. A hacer las cosas muy poco porque su mente está sobrecargada, se mueve en diferentes direcciones y el pensamiento de muchas cosas a la vez. Si usted tiene una mente desordenada, que se desenfoque y no pueden lograr sus objetivos.

Una mente desordenada es, obviamente, ocupada por las cosas que no va a mover su vida hacia adelante. Ocupa el espacio mental que se podría haber utilizado para hacer las cosas más progresistas y pensar más progresivamente. Si usted tiene una mente desordenada, que tienden a centrarse en pensamientos negativos y las preocupaciones acerca de las cosas que siente que puede controlar, pero es evidente que no puede. También se aferran a las emociones negativas, y su mente siempre está distorsionada. Una mente desordenada que se retira de la realidad actual y mantenerlo enredado en el producto de su imaginación. Lo que hay que hacer es suprimir elementos que la mente de los suyos, liberar los bloqueos de carreteras en la cabeza y dejar de lado algunos hábitos.

Entonces, ¿cómo puede una persona desordena su / su mente? ¿Cómo puede una persona a deshacerse del exceso de equipaje que está ocupando la mente creativa, y que lo hacen impotente del pensamiento hacia el logro de éxito? ¿Cómo se puede dejar de lado los hábitos mentales que está manteniendo fuera de foco, indecisas y causando a ser improductivo?

¡Piensa positivo!

Se necesita mucho para pensar en positivo. Esto es así porque nuestros cerebros están diseñados para pensar negativamente que positivamente. 80% de unos 60.000 pensamientos que rumian en la mente son pensamientos negativos. Sin embargo, nada bueno sale de pensamiento negativo. No importa cómo está conectado el cerebro, puede un Alambre a pensar positivamente a menudo. Los pensamientos negativos son peligrosos, mal y algo que debe deshacerse de por cualquier medio posible. Una mente desordenada producirá en el pensamiento negativo, por lo que el primer paso para desordenar su mente es por el pensamiento positivo.

Para que pueda empezar el pensamiento positivo, es necesario cultivar una mentalidad positiva. El poder de crear y destruir inicia desde el modo de pensar. La forma de pensar es el marco de la mente y alberga el patrón a la que usted piensa. La adopción de la mentalidad correcta actuará como un escudo contra cualquier pensamiento negativo y el equipaje que puede devorar a la mente. Mediante la adopción de una mentalidad positiva, que se está cerrando distancia todo lo que es perjudicial para su éxito y progreso. La verdad es una mente desordenada piensa en positivo nada o progresivo. Él / ella está en un bucle de su / sus pensamientos. Es decir, una persona va en círculos. Cuando se tiene una mentalidad negativa, el cierre de las puertas de oportunidades, ideas a la cara. Al final, no tienes nada. Liberar esa mente de los suyos por el pensamiento positivo.

Uno de los sencillos, pero eficaz manera de pensar en positivo es mediante la afirmación positiva. Las palabras son poderosas. Cuando se mira constantemente a sí mismo en el espejo y decir una o dos palabras de manera positiva, es probable que esté listo para superar los retos y obstáculos que puede encontrar ese día. Cualquier pensamiento negativo o cualquier cosa que pueda mantener su mente ocupada innecesariamente se dejan de lado, ya que han afirmado que se va a hacer esto y que no van a permitir que eso suceda. Pensamiento positivo, afirmación positiva es una de las maneras de controlar sus pensamientos y su cualquier cosa que pueda saturar su mente.

El pensamiento negativo no puede ser totalmente parado, no importa lo que intente. Es parte de la psicología humana para pensar negativo a veces, pero la meta es pensar más a menudo, de manera positiva. A pensar de manera más positiva, es necesario reducir la manera de pensar negativo. Una parte de la ecuación equilibra el otro. No se puede ser pensar negativamente y positivamente a un nivel igual. El aumento de uno lleva a la disminución de uno.

Otra forma de pensar positiva y evitar una mente desordenada es mediante la participación en los entrenamientos. Si usted no es el tipo de ocupado o de la mañana con el tipo de trabajo de noche, se puede dedicar 20-45 minutos de su tiempo y la cabeza al gimnasio. Será claro su mente, aclarar su mañana y empaparse de un buen pensamiento en su mente. Si no puede hacerlo en el gimnasio, se puede hacer una simple correr por la mañana. Se pondrá a la basura cualquier posibilidad de tener que pensar negativo o tener una mente desordenada para siempre. Se volverá a centrar su mente y canalizar su energía en la consecución de sus objetivos.

Otra forma de pensar es positiva por rodearse de compañía positivo. Claro, usted sabe que las personas están muy influenciadas por la empresa se mantienen. Su empresa puede mantener ya sea feliz o triste. Pueden influir en que positiva o negativamente. Si se encuentra en un grupo de personas malas o poco serias, la cabeza se llena de cosas irrelevantes, inquietantes. Se le recordará de cosas que no desea. Va a ser obligado a hacer cosas que no están dispuestos, en nombre de sugerencias. Su mente estará tan llena que puede convertirse en depresión, estrés o incluso desarrollar una forma de la enfermedad a la otra. Si necesita cambiar su círculo de amigos para evitar tener una mente desordenada, lo hace. Ellos actuarán como una disuasión para sus objetivos, la ambición y el progreso.

Otra manera efectiva de suprimir elementos de su mente es mediante la adopción de la pausa y respirar técnica. Esto simplemente significa que cuando la cabeza está en el borde de la explosión de numerosos pensamientos, tome un minuto, pausa y tomar una respiración profunda. Repita el proceso dos o tres veces. Usted experimentará algún tipo de alivio dentro de sí mismo. Verá que se han convertido en mejor, más orientado a objetivos y centrado.

Puede igualmente distraerse cuando vea que su pensamiento ha sido estorbado. Piensa de sí mismo haciendo algo loco, que no se puede imaginar haciendo. Mejor aún, puede llamar a un ser querido, un familiar o un amigo cercano tiene invitó a cenar o tomar una copa. Hacer cualquiera de estas distracciones será suprimir elementos de su mente y someter a cualquier pensamiento que no contribuyen al bien de su bienestar.

Recuerde, empaparse de una mentalidad positiva con el fin de pensar en positivo.

parada de pensamiento excesivo

Como se suele decir, la clave para la supervivencia en la vida es la moderación. El pensamiento es bueno, pero cuando se exceda lo hace, se convierte en una amenaza. No es sorprendente ver que todo en la vida se centra en sus pensamientos. El pensamiento excesivo es un problema grave y si debe suprimir elementos de su mente, usted debe dejar de pensar demasiado. Debe detener el análisis y más análisis sobre los mismos pensamientos. Nunca una situación superior. En su lugar, se agrava la situación en cuestión.

Si usted está listo para dejar de comentar, analizar y abordar la cuestión de pensar demasiado, usted debe ser consciente de sus pensamientos. Usted debe ser consciente de que ha empezado a pensar demasiado. Ser consciente sonará una campana en la cabeza que está sobrepasando o cruzar el límite de sus pensamientos. Todo lo que tiene que hacer es traer de vuelta y alejarse de pensar en ello. Así que antes de empezar a pensar demasiado, que ya está preparado para que deje de abrumar a usted. Puede acumularse actividades que se pueden utilizar para contrarrestarlo. Mejor aún, puede distraerse mediante la reorientación de su mente hacia algo que es divertido y atractivo.

Otro método eficaz para el pensamiento excesivo parada es realista. Frente a situaciones con pragmatismo y no dejar que se tiene control sobre usted. Ser realista es tratar un tema como es y no inflar la solución. Ser realista no sopla cuestiones fuera de proporción. Cuando sus expectativas son altas y el resultado no está llegando a su manera, que dan como resultado a pensar demasiado. Ser realista; no elevar sus esperanzas demasiado.

Otra forma de pensar demasiado parada es dejar date cuenta de que no se puede estar en control de cada situación. A veces, no siempre podemos tener lo que queremos. Hay situaciones en las que simplemente no tiene control. Así que cuando ves un resultado negativo en una situación, no se asuste. Usted puede quejarse un poco, pero lo más importante no es lo que le permite tener el control sobre la forma en que se ve cada otra cosa. Se puede elegir cómo reaccionar ante los resultados negativos. Si la situación está fuera de su control, no asumir la responsabilidad si se acaba fracasando. Simplemente dejar ir, aprender de ella y seguir adelante. No sobre pensar. El pensamiento excesivo se debe a que siendo engañado que todo está bajo su control. Es sólo creará más problemas, que causan más molestias y jugar el juego de la culpa con usted. Centrarse en cambio, en la búsqueda de soluciones y formas de evitar en caso de producirse este tipo de problemas de aprendizaje. Lo mismo vale para el futuro. No se puede controlar lo que no se puede predecir. Incluso si usted tiene éxito en la predicción, es sólo una predicción. Es objeto de un cambio. Algunas cosas no son planeadas, no siempre se puede preparar para lo inesperado. Es mejor dejar como están. Así que deja de pensar demasiado y preocuparse por el futuro. La mayoría de las personas que se entregan en este siempre piensan que son perfectos. Ellos quieren que las cosas van como ellos diseñaron, pero no siempre funciona de esa manera. Así que deja de ser un perfeccionista. Usted nunca va a progresar por ser uno no siempre se puede preparar para lo inesperado. Es mejor dejar como están. Así que deja de pensar demasiado y preocuparse por el futuro. La mayoría de las personas que se entregan en este siempre piensan que son perfectos. Ellos quieren que las cosas van como ellos diseñaron, pero no siempre funciona de esa manera. Así que deja de ser un perfeccionista. Usted nunca va a progresar por ser uno no siempre se puede preparar para lo inesperado. Es mejor dejar como están. Así que deja de pensar demasiado y preocuparse por el futuro. La mayoría de las personas que se entregan en este siempre piensan que son perfectos. Ellos quieren que las cosas van como ellos diseñaron, pero no siempre funciona de esa manera. Así que deja de ser un perfeccionista. Usted nunca va a progresar por ser uno

Para suprimir elementos de su mente, siempre se sabe que las situaciones negativas a veces son inevitables y que no tiene ningún control de ninguna clase sobre que suceda.

Otra forma de pensar demasiado parada es mediante la eliminación de las emociones negativas. Las emociones negativas van mano a mano con el pensamiento excesivo. La mayoría dc las veces, cuando usted está pensando demasiado, hay esta emoción que le nubes y nunca es una buena idea. Por ejemplo, si usted está pensando en la pérdida de un amigo cercano o un miembro de la familia, las emociones habituales que se dan son el arrepentimiento, el resentimiento y la tristeza. Usted siente que debería haber estado allí por una tal persona. ¿Qué tal que desviar sus emociones a otra cosa? ¿Qué tal que canalizar sus emociones en algo más positivo? A veces, cuando matas a estas emociones negativas, de repente dejar de pensar demasiado. Las emociones vienen con pensar demasiado, por lo que, si matas a uno, el otro muere también.

No es el aspecto multitarea. Hacer más de una tarea al mismo tiempo hace que se sobre pensar y el estrés a su cerebro a cabo. Usted puede pensar que usted está ahorrando tiempo, pero la verdad es que está complicando los problemas por sí mismo. Si la tarea se ha completado sin orden ni concierto, existe la posibilidad de que puede que tenga que repetir de nuevo

En ese caso, usted ha perdido el tiempo en que se podría haber utilizado para otra tarea. Multitarea reduce la productividad y complica su cerebro con actividades. Se tiende a perder el foco y, al final, no se logra un 100% de éxito en sus tareas.

Una manera de detener a una multitarea asegurarse de que no pensar demasiado es mediante el establecimiento de prioridades claras. Compruebe su lista de tareas, seleccione el que se puede lograr más rápidamente. A continuación, la lista sigue hasta que haya terminado. Haciendo una tarea a la vez se asegurará de que usted no tiene la sobrecarga mental. Después de completar cada tarea, la señal. Que dará lugar a una mayor productividad y una mejor organización, ya que las posibilidades de repetir una tarea están en el mínimo posible.

Meditación

La meditación es un enfoque común usa la gente para obtener sus mentes y cuerpo relajado. Es un método utilizado para entrenar la mente para alcanzar un estado estable y transparente, carente de cualquier desorden. La persona que utiliza técnicas, tales como la atención, o dirigir la mente a concentrarse en una actividad específica, o un objeto. Hay muchas razones por las que debe meditar. Por ejemplo, un 10 - 15 minutos de meditación disminuirá la ansiedad, la retención de la memoria y el aprendizaje aumento, disminución de emociones y tensiones negativas y aumentar el flujo de sangre. La meditación es uno de los factores clave para emplear si debe desordenar su mente.

La meditación es como mirar en el espejo y cuestionar lo que eres, lo que eres hasta, o dónde va. Está examinando su hombre interior, tratando de determinar que lo que realmente son y por qué son lo que eres. Si tiene que practicar la meditación, lo mejor es que lo hace en un lugar tranquilo. Un lugar donde se puede sentir la naturaleza y todo lo que tiene debajo. Esto se debe a la naturaleza siempre será la naturaleza. Que no tiene sustituto y te refresca. La meditación le ayudará a aliviar la carga sobre el hombro, deshacerse de cualquier desorden en su mente y ayuda a establecer sus prioridades claramente. También te mantendrá enfocado y reducir cualquier forma de distracción. La meditación puede mejorar su productividad, ayuda a entender su mente para canalizar más hacia la positividad y mantenerse conectado con uno mismo y su entorno. La meditación te ayuda a estar mentalmente alerta y consciente de sus sentidos y su estado del cuerpo. La meditación mejora el bienestar general de un individuo.

Hay varios tipos de expertos en salud de meditación y espiritualistas han desarrollado a lo largo de los años. Sin embargo, vamos a discutir los tipos comunes que se practica más.

Los tipos comunes de meditación son:

- Exploración del cuerpo Meditación - La meditación costra cuerpo es una práctica que permite a las personas a concentrarse en diferentes partes de su cuerpo a liberar la tensión. También conocida como la meditación progresiva, la persona comienza centrándose en la parte de su cuerpo, por lo general de la cabeza y el trabajo a través hasta que sus pies.

- La atención plena meditación - Este tipo de meditación es muy útil contra los sentimientos espontáneos. Se anima a la persona a ser activos y conscientes de su entorno. La atención es muy útil contra las emociones negativas, mejora la memoria, y mejora la salud.

- Respiración meditación de conciencia - El uso de la respiración para alcanzar un estado estable de metal se conoce como la meditación conciencia de la respiración. Al igual que la atención, conciencia de la respiración meditación mejora la concentración, reducir la ansiedad y la depresión y mejora la conciencia.

- La meditación Zen - Este tipo de meditación fue utilizado por algunos fieles budista. Este tipo de meditación implica una serie de pasos que requiere un cierto nivel de disciplina para poder utilizarlo. Es más bien una meditación religiosa.

- Meta Meditación - El amante - meditación bondad se utiliza para absorber la actitud del amor ad bondad en todo lo que la persona hace. La persona que abre su mente para recibir el amor y la bondad y luego, se extendió a otros. Es de color crudo ser para aquellos que no saben cómo el amor o que no entienden lo que es el amor.

- Kundalini Yoga - Esta forma de meditación mejora la salud mental y reduce los problemas relacionados con el estrés. Se realiza mediante la práctica del arte de la respiración profunda y mantras. Un mantra es una palabra o una frase que se repite a entrar en un estado meditativo.

- La meditación trascendental - Esta meditación es similar a la meditación conciencia de la respiración. El objetivo de esta toma de conciencia es para la persona a elevarse por encima de su estado físico del ser. La persona que utiliza un conjunto de palabras o mantra repetido durante la meditación, hasta que una tal persona está en un estado de meditación profunda.

La meditación es bastante simple a la práctica. Como se ha explicado anteriormente, si quieres meditar, es necesario buscar un lugar tranquilo, cerca de la naturaleza de sentirlo. Un ambiente tranquilo le permitirá concentrarse mejor y evitar cualquier distracción alguna. Puede acompañar su meditación con una música suave y tranquila, si quieres. El siguiente paso es poner ropa cómoda. El uso de ropa ajustada perturbará su concentración, que es un ingrediente importante para la meditación. Siendo lo más cómoda posible es necesaria para la meditación.

El siguiente paso es decidir cuánto tiempo y está dispuesta a dedicar a la meditación. El tiempo recomendado es usualmente de 20 minutos, dos veces al día, pero puede elegir su tiempo flexible. Lo más importante es decidir el tiempo y ajustarse a él. La meditación requiere práctica y tiempo antes de llegar a ver los resultados. Además, encontrar una manera pacífica no distraerse porque, siempre que controla el tiempo. Establecer una alarma para que le notifique cuando el tiempo establecido es hacia arriba. Seguir con un ejercicio breve

Estirar las piernas para liberar algunas articulaciones. Usted va a estar sentado en un lugar durante mucho tiempo, por lo que necesita para deshacerse de las cepas y la rigidez que actuarán como una distracción. Estirar todas sus articulaciones, especialmente en los muslos. Recuerde que debe quitarse los zapatos. Sus pies deben sentir el suelo.

Sentarse en la mejor posición. Recuerde, el objetivo aquí es la meditación, así que asegúrese de que se ponga en el lugar más cómodo. La mayoría de la gente elige para sentarse en el suelo, con o sin cruzar las piernas. Donde y como usted se sienta, tratar de enderezar la columna vertebral. Esto asegurará que usted se sienta cómodo.

Cierra los ojos y concentrarse en su respiración. La respiración es la forma más común de la meditación. Respirar normal. No hay ninguna técnica especial de respiración que se requiere para la meditación. Mientras que usted está respirando, se centran en algunas imágenes en su mente. Se puede imaginar cualquier cosa, siempre que siga su respiración. Usted puede probar la técnica de exploración del cuerpo donde se intenta centrarse en las diferentes partes de su cuerpo desde la cabeza hasta los pies para que se relaje. Ahora, utilizar la técnica mantra. La técnica implica mantra que utiliza un conjunto de palabras o exclamaciones repetidas hasta que su mente está en un estado de calma. Puede repetir las palabras en silencio como, "paz", "conjunto", o usar palabras tradicionales de meditación como "Chit", lo que significa conciencia. Al hacer esto, usted debe notar su mente vagar sin que usted piense consciente de ello. Se le muestra lo lejos que viaja la mente. Cada vez que esto sucede, trate de llevar su posterior mente al objeto de enfoque. Si su objetivo era la respiración, trate de concentrarse mente errante regresar a su respiración. Usted puede quedarse dormido, pero no se preocupe. Cuando se despierta, toma una respiración profunda y tratar de volver a lo que el pasado recordado. Cuando se activa la alarma, abra suavemente los ojos y esperar. Se sentirá una especie de carga se ha levantado de sus hombros. Aviso cómo diferentes que se han convertido y cómo eras antes de meditar. Puede probar esto una o dos veces cada día y asegurarse de que medite alrededor del mismo tiempo de manera que será más fácil de incorporar en sus horarios diarios. tomar una respiración profunda y tratar de volver a lo que el pasado recordado. Cuando se activa la alarma, abra suavemente los ojos y esperar. Se sentirá una especie de carga se ha levantado de sus hombros. Aviso cómo diferentes que se han convertido y cómo eras antes de meditar. Puede probar esto una o dos veces cada día y asegurarse de que medite alrededor del mismo tiempo de manera que será más fácil de incorporar en sus horarios diarios. tomar una respiración profunda y tratar de volver a lo que el pasado recordado. Cuando se activa la alarma, abra suavemente los ojos y esperar. Se sentirá una especie de carga se ha levantado de sus hombros. Aviso cómo diferentes que se han convertido y cómo eras antes de meditar. Puede probar esto una o dos veces cada día y asegurarse de que medite alrededor del mismo tiempo de manera que será más fácil de incorporar en sus horarios diarios.

La meditación no tiene que ser parte de su horario antes de hacerlo. Se puede practicar la atención en cualquier punto de deshacerse del estrés, así como las perturbaciones emocionales. Lo que necesita es tomar un minuto o dos, se centran en su respiración y vacías que las emociones negativas de los suyos. Trate de tomar conciencia de los acontecimientos a su alrededor. Se mejora la atención. La meditación no es fijo resultado. Más bien, se centra en el estado presente en ese momento. La meditación es una práctica que toma tiempo para dominar. Usted se sentirá como dejar de fumar en un punto, pero la práctica traerá efectos. Es una de las mejores maneras de desordenar su mente y liberarla de cargas.

La atención plena se discutirá más en el capítulo 8 de este libro.

Pluma sus pensamientos en el papel

Si ves que esos pensamientos de los suyos no pueden dejar flotando alrededor de su cerebro, encontrar un papel, escribirlas. Esta es una de las maneras más eficaces para desordenar su mente. Escribirlos en un pase va a liberar su mente de tener que almacenarlos o cavilar sobre ellos.

Lo mismo ocurre con una persona que piensa regularidad de nuevas ideas o soluciones a un problema. En lugar de amontonando todo en su mente, conseguir un cuaderno o un diario y que escriban. Cuando se acumulan las ideas en la cabeza, se hace difícil para procesarlos y gestionarlos con eficacia porque son engorrosos. Si usted tiene un lugar en el que escribe sus pensamientos e ideas, será más fácil para usted para encontrar e ir sobre ellos uno a la vez, en lugar de procesar todos a la vez.

Nos hizo mención de llevar diarios. ¡Si! Llevar un diario es una buena manera de limpiar el desorden de su mente, la creación de un espacio en su cabeza para dar cabida a otras actividades mentales. El diario es una manera de relajar la mente y ayuda a mantener sus pensamientos organizados. De acuerdo con una investigación publicada, escribiendo sus pensamientos ya sea positivo o negativo en un diario le dará una mejor oportunidad de hacer frente a ella. Se mejora la memoria y eficaz en el manejo de la depresión, ansiedad, las emociones negativas y otras cuestiones relacionadas con el estrés. En diario también crear una salida para que libere la tensión y estas emociones. Se puede emplear cualquier técnica de escritura de un diario y va a estar bien. Siempre y cuando se haya hecho sus puntos. Usted no necesita ser un experto para llevar diarios.

Dormir

Si usted tiene una niebla del cerebro, tiene una dificultad para asimilar las ideas o el pensamiento recto, lo más probable es que se necesita un poco de sueño. Los beneficios del sueño son numerosos y es algo que uno nunca puede prescindir. Eso es porque cuando no lo hace el sueño, que están causando directamente las células del cerebro mueran. Cuando no lo hace el sueño, se priva a sí mismo de la generación de nuevas ideas. Usted está causando a ti mismo ser improductivo en el trabajo. Y luego, se vea afectada su capacidad para pensar con claridad. Se sufre lapsus mentales parciales también. El sueño ayuda a mejorar su estado mental y aumentar su nivel de concentración. Lo bueno de sueño es que no es necesario que el sueño durante largas horas para obtener su cerebro y usted mismo actualizan. Una siesta de 30 minutos podría ser lo que necesita. Trate de conseguir un poco de sueño si debe suprimir elementos de su mente.

Aprender a ser decisivo

¿Ha estado en una situación en la que su cabeza está llena de pensamientos y que son incapaces de comprender qué hacer a continuación? Si usted trabaja en una oficina y su mesa está llena de peticiones, cartas y facturas y no asiste inmediatamente a ellos, ¿lo que sucede a continuación?

Pronto, su mesa se llenará tanto que casi no se puede ver la superficie de la mesa. ¿Si le sucede a experimentar esto, has de tomar una decisión de inmediato? La respuesta obvia no sabe ser.

El simple hecho es cuando se estorba la cabeza, que es incapaz de tomar decisiones rápidas. Al ser incapaz de tomar una decisión le hará a acumularse más pensamientos en su cabeza, se acumulan más documentos sobre su mesa. De esta manera, lo que agrava su proceso de toma de decisiones. Al final, es difícil elegir qué decidir sobre. Cuanto más se demore, más se hace difícil. Posponer las cosas y sus decisiones se convierte en pendiente. Bastante bien, algunas decisiones son simples, mientras que otros son difíciles, pero si usted no toma un paso, independientemente de las consecuencias, que se convertirá en una víctima de la parálisis de análisis.

A veces, el factor que hace que las decisiones tardías es el miedo. Miedo al fracaso. El temor a que su decisión de conseguir un resultado negativo. El temor a que repetir el mismo error una y otra vez. El hecho de que tomó una decisión equivocada una vez, no significa que vaya a inhiban de realizar otras decisiones de la vida. se producen errores. La vida está llena de opciones y, a veces, no siempre tomar las decisiones correctas. Una mente desordenada siempre está reviviendo los errores del pasado.

Si usted está teniendo dificultades para tomar una decisión, utilizar los pros y contras enfoque de la lista. Haga una lista de los efectos positivos y efectos negativos de la toma de decisiones tal. Cuando finalmente llegar a una respuesta, no mirar hacia atrás. ¡Simplemente hazlo!

Establecer un temporizador para sus preocupaciones

Establecer un tiempo y momento particular para que usted pueda derramar todas sus preocupaciones. Es completamente natural preocuparse. Podría ser un día concreto de la semana o una hora en un día. Lo más importante es elegir un momento conveniente donde se puede ir sobre las cosas que su mente no puede dejar fuera. No permita que cualquier preocupación o posteriores pensamientos. Vierta todo. Incorporar su tiempo para reflexionar sobre sus pensamientos en su rutina diaria. Al hacer esto, usted no está dando su tiempo de reflexiones a abrumar a su mente y controlar su vida.

Regular la cantidad de información asimilada

Su mente ya se agrava con pensamientos e información. ¿Por qué le asimilar más nuevo cuando su cerebro no ha procesado toda la información sensorial en su mente? Esa es la sobrecarga su cerebro con información. El gasto de su tiempo a la lectura en línea, chat en las redes sociales, y haciendo otras actividades en línea sólo terminará consumiendo su cerebro con información. Limite la cantidad de tiempo que pasa en los medios sociales y en línea. La sobrecarga de información estorba su cerebro, causando que estar estresado, ansioso y deprimido. Organizarse y sus tareas. Terminar una tarea antes de comenzar otra. ¡Evitar la multitarea!

Nutrición y Ejercicios

El tipo de alimentos que come determina el nivel de la Actividad y el estado de alerta del cerebro. Tiene un efecto sobre su estado de salud es el cerebro. Algunos alimentos degeneran las células del cerebro y los resultados a enfermedades cerebrales como la enfermedad de Alzheimer. Los alimentos grasos y comidas fritas afectan a la salud mental y el bienestar de un individuo. Aumenta la tasa de depresión y ansiedad y obstruye el cerebro. Si tiene que suprimir elementos de sus alimentos mente, evite comer que será perjudicial para el funcionamiento del cerebro. Coma más frutas, verduras, pescado azul, bayas, café, huevos, nueces y comidas ligeras. Estos alimentos tienen los ingredientes necesarios para impulsar las funciones del cerebro y acelerar el proceso cerebral. Ellos contienen antioxidantes, vitaminas y ácidos grasos omega-3 ácidos grasos. Apoderarse de comer comida hasta tarde, el alcohol y no sobrealimentar. Asegúrese de que usted don'

El ejercicio con frecuencia. Esto conduce a una mejor concentración y agudeza mental. La combinación de ejercicios y buena comida es una excelente manera de prolongar las células del cerebro. Los ejercicios como el yoga, es de gran ayuda en la consecución de un estado estable de la mente y el cuerpo. Los ejercicios regulares son antídotos para la depresión, la ansiedad y la debilidad del cuerpo.

Tómate un tiempo libre

Tomar un descanso del trabajo, de negocios, de cualquier cosa que se mantiene ocupado. Su cerebro necesita descansar, ser refrescada, y liberado de cualesquiera actividades relacionadas con el trabajo. Eso es lo que necesita en este momento; un poco de espacio para ser libre y disfrutar de la naturaleza. Usted podría tomar unas vacaciones cortas o una larga a la playa, a algunos lugares que no han sido ni siquiera pagar sus padres una visita. ¡Simplemente explorar y divertirse!

No es fácil de suprimir elementos de su mente. El empleo de estos pasos requiere tiempo, pero eficaz. Tomar estas medidas despejar su mente y ayudarle a construir buenos hábitos mentales. Se aumenta la productividad y mejora su salud en general.

Capítulo 5: Cómo Desordenar su entorno

Para suprimir elementos de la mente es una parte de la ecuación, mientras que a suprimir elementos de su entorno es otro. Muchas personas no son conscientes de que también se puede suprimir elementos de su entorno, al igual que sus mentes.

Sin hacer ambos procesos, no hay manera de que usted va a dejar que aquellos desórdenes ir libre. Esto se debe a su entorno es un factor influyente que contribuye al desorden en su cabeza. desordenar su entorno y desordenar su mente!

El entorno tiene un gran impacto en su salud psicológica. Para que usted pueda ser declarado un individuo sano, su estado mental y el medio ambiente deben estar desprovisto de cualquier cosa que pueda poner en peligro su bienestar. Tomemos, por ejemplo, si entras en un ambiente que no es verificada apropiadamente como un extranjero, y lo más probable es que dentro de sus pocos días de estancia, su entorno afectará su estado físico de salud. Esto significa que es probable que caigan enfermos. ¿Por qué? Debido a su entorno actual es desordenado, desordenado y sucio.

Lo mismo vale para las personas que caminan en una habitación que está sucio y desordenado. Es probable que se vea afectado por el estado de su habitación. ¿Así que lo que sucede cuando no ordenarlo? Se espera que estresarse y convertirse en fuera de foco.

En el trabajo, puede ser abrumado por las tareas y otros que suelen manejar. ¿Qué cambió? Comprobar el entorno. Puede haber algo que la reducción de su productividad. Sus oficinas, equipo, o incluso colegas son cosas que le pueden hacer improductivo. Cualquier cosa que le rodea es su entorno, y si no te está ayudando, eso significa que tiene que hacer algo. desordenado él! Si es que le distraiga de su trabajo o estudios, suprimir elementos de él!

Un estudio en una revista indicó que la multiplicidad de estímulos en frente de usted competirá por su atención. Esto es absolutamente cierto. Al igual que el cuarto desordenado que se utilizó, por ejemplo, se encuentra que el desorden en su habitación va a terminar le distraiga si no lo hace desordena su habitación. Mientras los ecos parásitos compite por su atención, que se distraiga y se convierte en fuera de foco. Cuanto más estorbado su entorno físico es, más que su cerebro gasta energía, filtrando esas cosas en su entorno que pueden causar una distracción. Y debido a esto, el cerebro no puede concentrarse, pensar o resolver problemas complejos. En otras palabras, la atención se desvía de realidad ayudarle a obtener una mayor productividad.

Sabemos que el cerebro tiene la intención de mantener el cuerpo vivo. Es un elemento de supervivencia. Si percibe el cerebro que su entorno está lleno de cosas que podrían sabotear su seguridad, desvía su atención para asegurarse de que todavía está respirando. Esta productividad cestas. El cerebro está ocupado en busca de elementos de supervivencia, mientras que su productividad está en peligro. La mayoría de las personas piensan que tienen esta capacidad única para el cambio de la distracción de su trabajo sin ningún problema con rapidez, pero eso es falso. Esto es similar a la multitarea, y sabemos que nunca se puede completar una tarea de manera eficiente con la multitarea. Su cerebro no puede cambiar de una tarea a otra o de su distracción para el trabajo sin tener que pasar por algunas dificultades. Su distracción que aleja de trabajo de tal manera que realmente no se puede aviso. ¡Un ambiente despejado es una mente despejado! Tomar nota de esto.

Recuerde, el desorden no tiene que ser física. El desorden puede ser digital. Pueden ser tus demasiados archivos en el ordenador, demasiados videos innecesarios, demasiados programas o demasiadas aplicaciones en su teléfono. Estos son formas de distracciones. Ellos le llevarán por mal camino y distraer su atención de la obra real o una tarea que está haciendo. Afectan a su productividad en el trabajo y mantenerlo fuera de foco en las cosas importantes.

Mira esta estadística. Cada vez que su enfoque se ve obstaculizada debido a la conmutación entre distraer tareas; su atención no es completamente hacia atrás hasta después de 23 minutos. En otras palabras, se tarda 23 minutos antes de volver su atención después del rodaje distracciones. Eso significa que ha perdido 23 minutos de su tiempo para permitir la realización de una tarea, el enfoque perdido sobre el inicio de otro trabajo, e incluso pérdida de tiempo para ganar dinero para sí mismo y su lugar de trabajo. Que ha perdido la capacidad de alcanzar su potencial completo.

No es tan fácil de suprimir elementos de su entorno. Si ha decidido dar el paso para suprimir elementos de su entorno, sabe que va a estar en un largo viaje. Se necesita disciplina para suprimir elementos de su entorno. No se trata sólo de tirar algunos papeles de distancia o el paso de las cajas a una esquina que suprimir elementos de su entorno. Se trata de tener el esfuerzo consciente y deliberado para cambiar su entorno a medida que vivimos. No se limita sólo a su lugar de trabajo o residencia. Es como si, en camino para descubrir su nuevo auto para separarlo de la vieja naturaleza.

En el capítulo anterior, hemos aprendido de diversas maneras en los seres humanos puede suprimir elementos de manera efectiva sus mentes. En este capítulo, se hará hincapié en cómo desorden el medio ambiente. Vamos a aprender a desordenar el hogar y la oficina / lugar de trabajo.

Limpiar el desorden de su hogar

Se siente abrumado es fácil, especialmente si usted tiene una casa desordenada. Hay algo que necesita saber acerca de salir de su casa sucia para el trabajo o la escuela. Salir de su casa desordenada afectará su eficiencia en el trabajo y los niveles de concentración. Esto se debe a que quedan con la idea de que su casa no está limpia, organizada, y así sucesivamente. Sabiendo que su casa no se organizó antes de salir de inculcar la idea de no querer volver. Después de todo, usted todavía va a volver a cumplir esa casa desordenada que dejó en la mañana. Así que, ¿por qué preocuparse de volver? Usted no tendrá ningún lazo emocional, y esto es probable que cause estrés y el agotamiento de la energía mental, lo que conduce a la improductividad.

Echemos un vistazo a los beneficios de limpiar el desorden de la casa antes de proceder con el proceso de limpiar el desorden.

- Limpiar el desorden de su hogar causa menos estrés

Al igual que anteriormente explicado, salir de casa llena de desorden eleven sus niveles de estrés y lograr la improductividad. Sólo para que sepas, los hombres, por estadística, son más propensos a estar en un ambiente desordenado que las mujeres. Así como un hombre, tiene que preparen a sí mismo para asumir responsabilidades, haciendo que su hogar lo más limpio posible. Sin embargo, cuando se da cuenta de que su casa está limpia y ordenada, que está dejando con una tranquilidad, y que garantiza lo bueno de su mañana y ese día en el trabajo va a ir.

- Su casa se organiza cuando suprimir elementos de su casa

¿Alguna vez ha notado un elemento o propiedad desaparecido durante semanas, y de repente se encuentra en un armario o cajón abandonado, sólo porque se decidió a limpiar su casa? Encontrar cosas se vuelve más relajado, y las cosas no van a desaparecer de nuevo. Una vez que suprimir elementos de su casa, usted ha creado directamente un espacio para moverse sin ningún tipo de perturbación.

- Un medio de casas desordenadas menos de limpieza

Limpieza todos los días es suficiente para causar tensiones y dolores en las articulaciones. Cuanto más una casa desordenada, más que les resulta más difícil de limpiar. Usted está enredado en la mente acerca de cómo y dónde empezar la limpieza. Sin embargo, si suprimir elementos de su casa, usted no a necesitar para limpiar su casa cada vez. Eso significa que tendría tiempo para otras tareas, aparte de la limpieza, y la pesadez mental es levantado de su mente.

- Un desorden cables de origen a un estilo de vida saludable.

La Asociación Americana de Enfermeras Anestesistas publicó un estudio fascinante que las personas con hogares desordenados son aproximadamente un 77% más propensos a tener sobrepeso que aquellos cuya casa está ordenada. También es vital tener en cuenta que un hogar lleno de desorden es probable que tenga una cocina que está lleno de alimentos poco saludables como bocadillos y otros alimentos grasos. Tan pronto como una persona entra por la puerta de su casa desordenada, una sensación de agotamiento lo abruma inmediatamente. Dicha persona se encuentra / ella misma en un estado de monólogo negativo, y luego, los pensamientos de no saber por dónde empezar a seguir a continuación.

Si suprimir elementos de su hogar, tales pensamientos no saludables desaparecen. Su salud mental y la salud física se convierten en sonido, y se traducirá en una mejor alimentación y un estilo de vida más saludable. También matar cualquier forma de depresión y ansiedad.

- La depresión se redujo con un hogar desordenado

Los expertos han establecido una relación entre el cortisol y el desorden. En otras palabras, un hogar desordenado aumenta la hormona del estrés, cortisol, que da lugar a la depresión y otros problemas mentales. Esto explica por qué las personas más deprimidas viven en un hogar desordenado o desordenado. Su ambiente refleja lo que eres, y que incluye su lugar de residencia. El desorden y la falta de organización disminuyen día autoestima y la confianza de una persona tras día. Un hogar desordenado hace que sea poco atractivo para los visitantes, ya que se avergonzaron al final del día. Se empieza a sentir culpable y crítico acerca de invitarles a un lugar que está lleno de obstáculos.

Un hogar desordenado, por otro lado, aumenta la autoestima, promueve la estética, y peleas fuera de cualquier depresión.

- Un hogar desordenado mejora la calidad del aire

La calidad del aire que se hace circular en su entorno se ve afectado si se estorba su casa. ¿Ha observado que una especie de olor emana de un hogar desorganizado, jirones, y desorganizada? Esto se debe a sus posesiones recogen las partículas de polvo, y estas partículas aumentar el número de contaminantes propagación en el aire. Además, ya que sus propiedades son compactas, sin aire está penetrando en ellas. Por lo tanto, sus posesiones emiten un olor.

Además, la colección de motas de polvo da lugar a tos, irritación ocular y embargo respiración. Las posibilidades de desarrollar ataques asmáticos también aumentan. Limpiar el desorden de su casa se librará de las nubes de polvo, recogiendo en sus propiedades. Poner en orden su casa mejorará la calidad del aire, lo que resulta en una vida más saludable. ¡Un hogar libre de contaminación es un hogar sano!

- Su enfoque se ve reforzada

Sin duda, usted tendrá una mente más estable cuando se da cuenta de que usted dejó una casa desordenada para el trabajo o la escuela. Seguro que reflexiona sobre sí mismo y mejora la autoestima.

Una abarrotada casa, por el contrario, conduce a la desorganización total de la mente. Su mente está nublada con pensamientos, objetos, y la idea de que su casa está desordenada para las visitas. Su mente está poseída con soluciones sobre cómo llegar a su casa ordenada después del cierre de la jornada. Todos estos compiten por su atención, que negando la capacidad de concentrarse en su tarea.

Si finalmente decide suprimir elementos de su casa antes de salir, que es un signo seguro de que usted será capaz de concentrarse en su tarea y dar todo absoluta.

- Limpiar el desorden de su casa significa más ahorros

Su casa es probable que no se llenan de cara o un montón de objetos que no es necesario cuando se desorden. ¿Qué es este medio, con una organización de origen mejor, usted sabrá las cosas que usted quiere y lo que no lo hace en el hogar? A gastar menos tiempo de compras para los artículos. Este resultado en el ahorro de más y ser libre de deuda.

En la mayoría de los hogares de América, de acuerdo con una encuesta realizada en 2019, el 29% de los cerca de 59% de que vivo día a día por cheque de pago tienen deudas de tarjetas de crédito. Por lo tanto, limpiar el desorden de su casa se traducirá en una mejor gestión del presupuesto, mejores serán sus ahorros, y le ayudará a prepararse en caso de emergencia.

Pero, si usted está en para ir de compras artículos para un hogar desordenado, se termina complicando la situación. Va a añadir más elementos a una casa desordenada, creando más estorba. Y esto hará que sea, aún más, más difícil conseguir su casa desordenada.

- Limpiar el desorden de su casa aumenta buen sueño

La calidad del sueño mejora cuando se desordena su casa. Se sienta a gusto de que su espacio de vida está libre de cualquier suciedad y estorba. Y esto hace que su capacidad mental para ser resuelta, y esto mejora la calidad del sueño.

Cómo desordenar su hogar

Ahora que hemos visto los beneficios de limpiar el desorden de su casa, vamos a ser creativo sobre cómo suprimir elementos de su hogar. Estos simples, pero eficaces consejos le ayudarán a empezar sobre cómo desordenar su casa.

Determinar el departamento de la casa que desea iniciar limpiar el desorden.

Este es el primer y más importante paso que debe llevar a cabo. No se puede desordenar todas las áreas de la casa en un día. Incluso lo hace, eso significa que, de salir del trabajo, la escuela o que la tarea fundamental que se suponía que la manija para el día. Puede ser tan abrumador si usted piensa que puede suprimir elementos de su casa en un día, especialmente si es su primera vez. También puede llevar mucho tiempo, por lo que necesita para decidir dónde va a comenzar a limpiar el desorden de. Podría ser su dormitorio, cuarto de baño, cocina, sala de estar, el comedor o incluso el garaje. Comience con la más fácil para que usted no se cansa fácilmente. A continuación, subir a las zonas más difíciles.

Cuando haya elegido un área desordenada, es el momento de pasar al siguiente paso en esta lista.

Dése 5-10 minutos período de decluttering.

Desordenando es un proceso gradual. Un proceso que no debe precipitarse. Usted puede dedicar 5 o 10 minutos de su tiempo cada día para suprimir elementos de su hogar. A medida que avance, aumente el tiempo y añadir más tareas en su lista a medida que avanza sucesivamente. Por ejemplo, el primer día puede ser de 5 minutos. La segunda puede ser de 10, el tercero puede ser 15, y así sucesivamente. No comience a limpiar el desorden con 10 minutos en su primer día y pasar 5 minutos al día siguiente. Simplemente no va a funcionar. Antes de darse cuenta, les resulta difícil dedicar ni un minuto t desordenado su casa. Comience con el menor tiempo posible (5 minutos por lo menos) y ascender en consecuencia.

Obtener una bolsa de basura listo

Usted quiere deshacerse de los artículos que están causando su casa para estar atestado. Obtener una bolsa de basura, tirar a su interior. Los viejos artículos que usted siente que no quiere quitarse de encima, les dan a la caridad. Si vas a almacenar cualquier artículo, obtener grandes cajas. Trasladarlos a los lugares apropiados y crear espacio en su hogar. Usted se sorprenderá al ver el número de bolsas de basura que ha quitado.

Crear una lista de tareas de artículos que usted quiere tirar a la basura

Sin duda, habrá un buen número de artículos en bolsas de basura que usted quiere deshacerse de él. Obtener un documento, escribir todos los artículos que desea eliminar. Cada elemento que se toma a la basura a cruzar en su lista. También, es importante crear una lista de tareas de todas sus tareas, de manera que se cruza cada uno que ha logrado. Como deshacerse de cada artículo, los desordenes quedan reducidos. La creación de estas listas le ayudará a realizar un seguimiento de las tareas que ha completado y los que no tienen. Es más fácil desordenar si usted tiene una imagen de dónde y cómo empezar.

Dedicar a quitar un elemento cotidiano.

Cada día que decide el desorden de su casa, trate de obtener al menos un elemento no deseado de su casa. ¿Imaginar haciendo esto durante un mes? Eso es 30 elementos. Haga esto por un año, y que debe tener para deshacerse de 365 artículos. ¿Qué tal se aumenta a 2 artículos todos los días? En poco tiempo, usted será capaz de suprimir elementos de su casa para que los elementos tirados a la basura. Su casa se quedará completamente limpia y libre de suciedad.

Lo mismo vale para la limpieza de la casa. La mayoría de la gente que hace 9-5 puestos de trabajo a menudo tienen dificultades para la limpieza de toda la casa, y es bastante comprensible. Se llevará su tiempo. Si usted no es capaz de limpiar toda la casa, empezar de limpieza de una sola parte.

Usted puede simplemente decidir limpiar su sala de estar para ese día y limpiar otra habitación al día siguiente. Lo más importante es establecer una meta y el palo hacia ella.

Toma una foto

Esto no es necesario, pero es muy útil. Usted puede decidir tomar una imagen de un área desordenada, al igual que su cocina y luego, tomar otra foto de su cocina. Esta vez, un desorden uno. Observar esas fotos, y verá lo orgulloso que se han convertido que ha comenzado el paso en limpiar el desorden de su casa.

Utilizar el sistema de cuatro cuadro

El establecimiento de un sistema que sea más fácil desordenar su casa que no tener ninguno. El sistema de cuatro cuadros es un ejemplo de este tipo de sistemas que le ayudará a ser más eficiente en poner en orden su casa. Obtener cuatro cajas y etiquetarlos de la siguiente manera con las descripciones;

- Se regala: Son cajas que deben llenarse con cosas que no necesita o usa, pero todavía son correctos. En otras palabras, se trata de objetos que cualquiera puede vender en línea o donar a algunas organizaciones benéficas.
- Mantener: Estas cajas deben contener objetos que planea mantener. Son elementos que no se puede prescindir. Es decir, los elementos que utiliza con frecuencia. Ejemplos de estos artículos son la ropa, sistema de sonido, sillas, etc. En su mayoría tienen un lugar fijo donde se mantienen.
- Retorno: En este cuadro, las cosas que están fuera de lugar en su casa deben mantenerse en este cuadro. Por ejemplo,

el jabón no debe estar en la sala de estar. La cubertería no debería estar en el baño, y así sucesivamente. Estos artículos deben mantenerse en sus lugares apropiados y no al revés.

- Basura: Los artículos o bienes que no tienen valor deben mantenerse en esta caja.

Cada habitación en la que se introduce identificar los elementos que deben ser colocados en sus respectivas cajas. Cualquier artículo en absoluto, independientemente de su tamaño, debe entrar en sus casillas correspondientes. Se puede tomar algún tiempo, pero vale la pena. Va a descubrir los elementos y ahora qué hacer con ellos.

No tenga miedo de pedir ayuda

Pedir ayuda a un amigo o familiar es una manera fresca para obtener sugerencias sobre cómo suprimir elementos de su hogar. Su amigo o familiar puede ir a través de todos los artículos en su hogar y sugerir lo que uno ha de ser lanzado, dado hacia fuera, o la que uno se tiene que almacenar. Es posible que desee para defender sus razones para mantener un punto tal, que está totalmente fresco. Si su amigo o familiar ver las mismas razones que lo hace, entonces su decisión es válida. Si de lo contrario, entonces es aconsejable para deshacerse de esos elementos.

Lo mejor de esto es que su amigo o familiar no tiene que ser un profesional para ayudarle a deshacerse de cualquier desorden. Sólo que tener a alguien a su lado durante todo el proceso de limpiar el desorden, será más fácil y más rápido para que usted pueda deshacerse de ciertos artículos que usted tiene dudas deshacerse de.

¿Cuándo es el momento adecuado para suprimir elementos de su hogar?

Esta pregunta es más que generales de personal. Normalmente, cuando se ve cómo desorganizado y jirones de su casa es, sonará una campana en su mente que su casa necesidad de limpiar el desorden. Para algunas personas, no hay parámetros o algún tipo de señales que deberían desordenar su casa. Su momento adecuado puede ser el momento equivocado de otra persona y viceversa.

Desordenando es personal, pero muy vital. Cada hogar necesita para mejorar el aspecto de sus habitaciones. Si quieres vivir una vida más saludable y mantener su casa tan ordenada como sea posible, haciendo cualquiera de estos consejos desorden, le garantiza el éxito. Puede que no sea inmediata, pero con algunas formas de coherencia y coraje mental, ordenando será mucho más fácil. Un equilibrio entre su personalidad y su apartamento residencial trae la convivencia pacífica e influirá positivamente que, psicológicamente y físicamente.

Limpiar el desorden de su espacio de trabajo

No hay nada más estimulante y energizante que ir al trabajo para cumplir su escritorio despejado. Un ambiente de trabajo libre de desorden puede hacer que usted sea más productivo, eficiente en el manejo de tareas y mantenerse enfocado súper en el trabajo. También será libre de distracciones y cualquier cosa que competirán por su atención, lo cual es importante en un entorno de trabajo. Sin embargo, mucha gente por ahí están pasando por momentos difíciles, limpiar el desorden de su espacio de trabajo. desorden usted y su trabajo influyen negativamente. Esto se debe a que todavía están unidos a esos estorba en su entorno de trabajo. Estos estorban competirán por su atención y tiempo. Por lo tanto, le da una dificultad para concentrarse en la realización de tareas. Si ha intentado varias técnicas para suprimir elementos de su entorno de trabajo y que no está funcionando, Eso significa que hay algo que no se está haciendo bien. Todavía hay algo ahí que no puede deshacerse de, no importa lo que intente.

Recuerde que estorba no tiene que ser sólo su entorno físico. El teléfono inteligente, ordenador también puede ser un desorden y servir como una forma de distracción. Su espacio de trabajo podría ser una habitación de su casa, o una oficina real.

Beneficios de su espacio de trabajo desordenado

Echemos un vistazo a los beneficios de limpiar el desorden de su espacio de trabajo.

Un espacio de trabajo desordenado aumenta la autoestima

Ver a su escritorio desordenado no es bueno y tiene un impacto negativo en su autoestima. Simplemente refleja en su personalidad que se está desorganizado, que es perjudicial para su productividad. Un escritorio desordenado hará que sea difícil para usted para encontrar ciertos documentos que su necesidad empleadora. Cuando no se encuentra ese importante documento, que insultan a la cara que no eres un buen ajuste para el trabajo, que se desmoraliza. Un escritorio desordenado hará la vida más fácil para usted. Todos los documentos están dispuestos en consecuencia y que no tengan que buscar a través de todos los archivos, sólo para descubrir que un solo documento. Es aumentar su confianza, sabiendo que su empleador está impresionado por su respuesta rápida en conseguir el documento que necesita.

Un espacio de trabajo realza la creatividad desordenada

Usted fácilmente se inspiró para crear nuevas ideas que podrían ser beneficiosos para el progreso de su lugar de trabajo. Un espacio de trabajo desordenado infunde poder creativo en ti para iniciar y terminar cualquier proyecto, ya que abrir su mente para ver las cosas con claridad. Un escritorio que está desprovista de cualquier estorba le animará a ser incluso más eficiente con uno mismo.

Usted se convierte en un experto en el manejo del tiempo.

Una vez que haya aprendido el proceso de limpiar el desorden y la ha incorporado a su horario de trabajo, se convierte en mejor con la gestión del tiempo. Eso quiere decir que usted ha tomado una decisión de dedicar un poco de tiempo de trabajo para la limpieza de su escritorio, que se traduce en el desarrollo de habilidades de gestión del tiempo.

Se siente logrado

En cuanto a su escritorio desordenado de la mañana ya es una tarea completada. Te hace sentir feliz y decidido a terminar las tareas pendientes que tiene para el día.

Un espacio de trabajo desordenado mejora su comodidad.

¿Le parece ser feliz y cómodo, al ver que su área de trabajo no se limpia? La respuesta obvia es no.

Un escritorio ordenado se asegurará de que usted es lo más cómoda posible. Puede conducir a una mayor productividad y sus niveles de concentración subirá más alto. Trabajar en un ambiente confortable mejora la creatividad, así porque está bajo ninguna presión para llevar a cabo.

Se obtiene una buena impresión de su empleador

¡Si! Su jefe será uno de los que le mirará con hermosas sonrisas a causa de su espacio de trabajo desordenado. Él / ella hará una buena impresión de ti, porque sienten que el valor de su trabajo más que nada. La mayoría de las veces, que serán más favorecidos que otros miembros del personal. Se siente eufórico sobre esto y esto incluso le animan a poner más esfuerzo para tener éxito. Se le considera como uno de los de personal con gran ética de trabajo.

Un espacio de trabajo decluttered mejora su vida saludable.

Si usted está entre aquellos que caen constantemente voy a una maravilla por qué, comprobar su entorno. Examine su ambiente de trabajo. ¿Cuándo última tiene una limpieza adecuada de su escritorio? ¿Cuándo la última vez que el polvo de sus armarios, cajones, estantes? Gérmenes, polvo, bacterias, pueden permanecer en estas superficies de visitas regulares de los clientes o clientes. Una vez que regularmente desordenado su espacio de trabajo, que están reduciendo las posibilidades de que la enfermedad contratación y sabes lo que dicen, ¡la salud es riqueza!

Es menos distraído en un espacio de trabajo desordenado

Un espacio de oficina con estorba hace que sea difícil para los empleados a concentrarse y enfocarse en las tareas importantes en la oficina. Sus mesas se presentan en todo tipo de cosas como las tareas no completadas, archivos, etc. Estas cosas van a competir por su atención cada vez y si no lo hace desordenado ellos, el resultado final será siendo improductiva durante todo ese día.

La eliminación de estos estorba en su escritorio debe ser su máxima prioridad. Va a ser mejor enfocado y más eficiente en la realización de tareas existentes.

Vamos a enumerar y discutir los pasos que tiene que suprimir elementos de su entorno de trabajo para asegurar un entorno de trabajo sin problemas y mejorar la eficiencia en el trabajo.

Comenzar de nuevo

No hay duda de que esta es el primer paso en esta lista. Si siente que no sabe por dónde empezar ordenando a partir, partir de su escritorio. La mesa de trabajo está generalmente llena de documentos en papel y todo tipo de artículos. Retire todo en su escritorio y empezar de cero. Observe cada elemento que haya eliminado y añadir de nuevo, poco a poco. Añadir sólo los que necesita. Tome el descanso y en una caja. No a la basura, es posible que los necesitan en el trabajo de casos exige el uso de la misma. Por lo tanto, cuando se necesita un elemento, puede ir a la caja y recoger todo lo que quiere recoger. Recordemos, que hizo mención de los elementos de observación. Si no se utiliza un elemento de una semana, eso significa que no lo necesitan. Por lo tanto, simplemente hacer lo necesario, descartarlo.

Escribir los artículos que usa

Otra alternativa para el primer punto. Obtener una pluma y papel, anote todo lo que uso en su escritorio para los próximos días a una semana. Observar y evaluar cada tema que cree que utilice. Hágase estas preguntas; "Es importante este tema?" "¿Este artículo tiene una relación con la naturaleza del trabajo a mano?" "¿Es necesario mantener este tema o no?". Respondiendo a cualquiera de estas preguntas determinará la siguiente línea de acción. Una vez que vea que no utiliza un elemento con frecuencia o no se utiliza en absoluto, descartarlos. Archivos y documentos son excepciones. Sin embargo, usted puede presentar aquellos en una estantería o un armario. trucos desorden él cerebro para que piense que cada elemento en su escritorio es importante, por lo que no se descarta.

Programar una hora para limpiar su escritorio

Entre las tareas programadas para el día, asegúrese de dedicar un poco de tiempo para limpiar su escritorio y su entorno de trabajo diario. Para ello, la primera vez que esté en su entorno de trabajo. La incorporación de un tiempo de limpieza en su horario se asegurará de que usted consigue su lugar de trabajo ordenado y listo para el trabajo del día. La incorporación de un tiempo de limpieza en su horario también se asegurará de que el tratamiento de su lugar de trabajo siendo limpiado con prioridad. Cualquier otra actividad será bloqueada en ese momento porque ya sabes que está reservado para la limpieza.

Siempre empezar el día una hora antes

Esto sigue hasta el punto anterior. Esto tiene muchas ventajas que no vas a ser capaz de contar. Empleando este método tiene la capacidad de recuperación por parte de la persona, ya que puede ser difícil, levantarse en el momento correcto, incluso cuando la alarma suena dos veces y se pulsa el botón de repetición de dos o tres veces. Si levantarse temprano es tan difícil, usted no será capaz de empezar bien el día.

Crear una lista de tareas

Después de la llegada al trabajo por la mañana, por lo general los primeros treinta minutos a una hora se gastan en la distribución de la oficina, la preparación de café, charlar con los compañeros de trabajo y la reflexión sobre las tareas inacabadas anteriores que debe llevarse a cabo ese día. Para aliviar la carga de trabajo del día, la próxima vez, tener minutos diez en el cierre del trabajo del día anterior a reflexionar sobre los logros del día y anotar sus principales prioridades para el día siguiente. Creación de una lista de tareas prioritarias es la clave para mantener un registro de sus objetivos y tareas. En lugar de comenzar a trabajar en una nueva tarea de inmediato al día siguiente, añadirlo a la lista de tareas y tratar de completar las tareas existentes. Con este método, usted evitar ser distraído por su actividad anterior. Tratar de despejar el escritorio en la clausura de trabajo antes de salir. Desarrollar un programa diario y se adhieren a ella. Es la mejor manera de llevar a cabo las tareas. Va a estar más centrado y con pocas probabilidades de conseguir desordenado. La consecución de sus objetivos será fácil también.

inicio clasificación

A estas alturas, usted debe haber dado cuenta de los elementos a tener y no mantener. El siguiente paso es decidir dónde guardar esos artículos. No estamos hablando sólo de su escritorio solo. Estamos hablando de agrupar sus artículos en la estantería, cajones, etc. La mejor manera de agrupar los artículos es agrupándolos según su importancia. Los elementos que se utilizan a menudo deben ir al cajón de la mesa más cercana. El resto de los elementos se deben colocar en los cajones de la mesa que están más lejos. Sus documentos en papel deben estar dispuestas sobre la mesa, de izquierda a derecha. El medio debe ser su área de trabajo.

Completar todos los proyectos existentes

La mayoría de estos estorba, a veces son sus tareas incompletas desde el día anterior y la semana. Ellos sólo ponen en su escritorio, ocupando un junco del espacio y le distraiga. Una de las mejores maneras de conseguir estos proyectos fuera de su escritorio está añadiendo a ellas. Evitando que no le ayudará a sentirse mejor. Si un proyecto de este tipo le llevará más de una hora, procurar que haya completado todas las tareas existentes antes de proceder con la nueva propio día.

Capítulo 6: Cómo formar buenos hábitos

Para formar buen hábito, es necesario hacer un esfuerzo consciente y deliberado de su parte para lograr que los hábitos Hay muy buena son fáciles de formulario si tiene la disciplina para hacerlo.

Es fácil escuchar su amigo o un colega dice que quiere hacer esto o aquello y que se las trae y cuando intenta hacer lo mismo que no funciona. La formación de un buen hábito puede ser una lucha a veces, pero si usted está decidido y paciente, se puede cambiar. Sin embargo, la formación de un buen hábito toma tiempo para que pueda convertirse pegado a él.

Consistencia

La consistencia mundo implica que usted está dispuesto a hacer sacrificios para que pueda sostener sus hábitos. La consistencia es el requisito esencial que necesita para formar buenos hábitos. La consistencia hará que deje de ver su patrón como las tareas. La consistencia ayudará a seguir sus objetivos establecidos.

En honor a la verdad, no se puede formar buenos hábitos sin consistencia.

Hacer planes y estableciendo metas

Hacer planes y tener metas establecidas de los hábitos que desea formulario es el primer paso hacia la formación de un buen hábito. Hacer un plan y la fijación de objetivos implica que se tome una mirada crítica a lo que se espera obtener de la costumbre previsto. ¿Es el valor de la costumbre qué? ¿Es alcanzable? ¿Es incluso realista? Todas estas preguntas son las que usted será capaz de responder después de realizar los planes y objetivos establecidos sobre el hábito buena desea formar.

Por ejemplo, desea formar el hábito de hacer ejercicio con regularidad. Durante el proceso de elaboración de los planes y el establecimiento de metas, usted sabrá por qué quiere comenzar a hacer ejercicio con regularidad, cómo se puede lograr el éxito cuando se debe iniciar, así como lo que se debe obtener de ella. Como he dicho antes, los planes de hacer, y metas del sistema son esenciales para la formación de un buen hábito.

Ten un poco de Comienzo

A menudo, cuando se escucha a gente quejándose de que les resulta difícil formar buenos hábitos o hacer cosas buenas con regularidad, que tiene que ver con ellos tratan de ir a los patios llenos 9- demasiado pronto. Si nos fijamos en las personas que quieren perder peso, por ejemplo, y un gimnasio tratando de hacer un hábito, usted descubrirá una cosa más de la DO. Ignoran empezar poco a poco. Que quieren hacer a pie 1 kilómetro en una semana; que quieren hacer 100 flexiones en

2 días. Si bien es bueno para empezar que, a menudo requiere una enorme cantidad de fuerza de voluntad para archivar este nivel de trabajo duro. La mayoría de los principiantes tienen la fuerza de voluntad necesaria para llevarlo a cabo, y que hace que falle el hábito.

Sin embargo, si usted comienza pequeña, por no decir en lugar de 1 km a pie, hacer un 100 o un 100 50. En vez de flexiones, comience con un 20 y su forma de trabajo. El comenzar pequeño hará que usted no ve su hábito recién formado como una tarea que hay que hacer, sino más bien como una forma de relajarse y divertirse. El comenzar pequeño reducirá la cantidad de fuerza de voluntad que tendrá que realizar para mantener su hábito.

Reconocer la importancia del tiempo

La formación de un nuevo hábito requiere una cantidad significativa de tiempo. No hay que esperar para empezar algo en un día, y se convertirá en un hábito la siguiente. Las cosas no funcionan de esa manera. Reconocer la vitalidad de tiempo y dar un poco. Se le permite hacer eso. Darse un poco de tiempo para hacer su hábito automático le ayudará a superar la frustración - que es una de las cosas que pueden destruir el hábito que está tratando de formar.

Conozca su motivación

Por lo general, esto debería ser parte de la fijación de objetivos que hablé antes, pero siento la necesidad de explicarlo con más detalle. Tener la motivación correcta puede recorrer un largo camino para asegurarse de que mantener su hábito durante el mayor tiempo posible. La motivación correcta le dará un impulso cuando ya no siente que puede continuar con su buen hábito.

Por ejemplo, si desea formar el hábito de perder peso, la escritura de su fuente de motivación hacia abajo le dará un impulso cuando se siente como que no puede seguir adelante.

Cambiar su forma de pensar (Ser más consciente)

Muchas de las personas son hoy en día en piloto automático. El comportamiento del piloto automático hace que sea difícil para ellos para formar nuevos hábitos buenos. La razón es que no están pensando en lo que están haciendo o deberían hacerlo. Sin embargo, para formar nuevos hábitos buenos, ser más consciente de sus acciones. Cada vez más conscientes de lo que está haciendo le ayudará a mantener un mejor seguimiento de tiempo y ayuda a mantener el buen hábito de nueva formación.

Por otra parte, un cambio de mentalidad es esencial para formar buenos hábitos. La razón es que la mente controla el cuerpo. Para que usted pueda vencer sus viejas costumbres y formar una nueva buena, que necesita para superar la antigua en su mente en primer lugar. Un cambio de mentalidad traerá un cambio en el comportamiento y también le dará un impulso.

Asociado con los partidarios

Sus amigos y familiares pueden ayudarle a formar un buen hábito y ayuda a romper las viejas también. El apoyo de los amigos servirá como motivación para mantener su buen hábito recién formado.

Por ejemplo, si desea formar el hábito de comer sano, tiene que ser amigos que comparten un estilo de vida similar, o será difícil para que usted pueda seguir adelante con su nuevo hábito bueno.

En pocas palabras, si usted tiene amigos que no comparten el mismo hábito con usted o no quieren, incluso a tratar, es el momento de hacer nuevos amigos.

Alterar su entorno

El entorno nos encontramos en juega un papel fundamental en nuestro crecimiento, carácter, y el hábito también. Para una persona que se encuentra en un entorno donde la gran cantidad de personas son obesas y no comer de forma saludable, será difícil para esa persona para formar un hábito de comer sano. Por lo tanto, si desea formar un hábito de comer sano, es el momento de hacer un cambio. Mover a un entorno diferente o tratar de hacer que la gente alrededor se une a usted en su nuevo hábito.

Lo mismo se aplica a una persona que quiere formar el hábito de ir al gimnasio todos los días. Puede trabajar o cambiar su entorno por tener su bolsa de deporte en el lado de la cama por la noche. También puede poner sus ropas de gimnasia en su cama o ellos colgar en la puerta de su cuarto de baño. Así se puede ver que antes de entrar a tomar una ducha en la mañana.

involucrar a las personas

Para mantener su nuevo hábito, y se centran en sus objetivos, que la gente participe. Decirle a la gente acerca del nuevo hábito desea formar. Estas personas le ayudarán a mantenerse en la línea cuando se empieza a perder de vista lo que está haciendo. Estas personas tendrán que rendir cuentas por su hábito de nueva formación. Se le hará seguir comprometidos con el curso.

Para que obtener personas para ayudarle a concentrarse, trate de tener una especie de camino, su amigo que lo controle. Se puede dar a conocer su propiedad o algo de dinero para ellos y diles que sostenerlo hasta que se haya comprometido con su hábito por completo.

Personalizar y celebrar su victoria

Muchas veces, nos reprenden a nosotros mismos por no hacer lo correcto. Sin embargo, debemos aprender a darnos crédito cuando hacemos lo correcto también. Cuando se quiere formar un nuevo hábito bueno, es bueno para que usted pueda celebrar su éxito en el cumplimiento de sus objetivos para el día.

Cuando se comprometan a su nuevo hábito formado, que celebra su éxito por premiarse por comprometerse a su nuevo hábito le ayudará a mantener la motivación. La motivación es fundamental cuando se trata de crear un nuevo patrón buena. Por ejemplo, si su nuevo hábito es bajar de peso, puede recompensarse con paño nuevo cada vez que se pierde un par de libras. Si su nuevo hábito es comer de forma saludable, puede recompensarse a sí mismo, tomando a cenar una vez a la semana o así para mantener su estilo de vida saludable. Al hacer esto todo el tiempo te motivará.

Crear un Cue alrededor de su hábito

Al tratar de formar un nuevo hábito bueno, que es encontrar a sí mismo carece de la motivación y el coraje para seguir adelante con su hábito. Imagine un escenario cuando se activa la alarma a las 6:30 de la mañana. Inmediatamente se levanta, su primer pensamiento será tener su baño y estar listo para el trabajo. Pero si su hábito es una señal, por ejemplo, usted tiene un amigo que se encuentran en el gimnasio a las 7:30 am, y usted no quiere decepcionarlo. Por lo que se obligue a ir al

PENSANDO DEMASIADO POR ANÍBAL MIDA

gimnasio por la mañana. Otra cosa que puede hacer es hablar de su nuevo hábito bien formada en las redes sociales como Facebook. Hablando de su nuevo hábito en los aspectos sociales hará a mantenerse comprometidos con él ya que no tendrá como para dejar a sus amigos hacia abajo.

Formar un patrón con su hábito

Formando un patrón recibe una gran cantidad de cosas. Una vez tuve un amigo que era capaz de escribir cinco artículos en un día, ya que fue capaz de formar un patrón alrededor de su escritura. Escribió sus artículos antes de desayunar. Mantuvo al patrón durante 30 días consecutivos. Por el momento se dio cuenta de la cantidad de trabajo que se hace en un día, que ya ha establecido un patrón; que no quería romper.

Puede este factor en su nuevo buen hábito formado también. Configurar su nuevo hábito bueno para formar un patrón, y usted será capaz de sostenerlo.

Los contratiempos esperar

El simple hecho es que nada bueno viene fácil. Este es un hecho conocido. La formación de un nuevo hábito bueno no es diferente. Usted debe esperar reveses medida que tratan de formar un nuevo hábito bueno. Debe esperar que este revés, ya que ayudará a superarlos. Es bueno que usted tiene en la parte posterior de su mente que tropiezo en el camino no significa que no se puede seguir trabajando para formar un nuevo hábito. Los contratiempos son para servir como motivación y no desanimarte.

Por ejemplo, si usted no puede llegar a su cita gimnasio, no se desanime. Reprogramar su fecha y tratar de hacerlo esta vez.

Conectar su nuevo hábito con un buen uno ya existente que tenga

Para permanecer comprometidos con su hábito de nueva formación, unirse a ella con un hábito ya existente. El viejo hábito le ayudará a recordar la nueva que está tratando de formar y asegurar la continuidad.

Por ejemplo, desea formar un hábito de hacer ejercicio con regularidad, y ya correr durante unos cinco minutos todos los días, programar sus entrenamientos para comenzar después de su trabajo por la mañana. Puesto que ya está acostumbrado al trabajo por la mañana, y se ha convertido en automático, a partir de sus entrenamientos después no será tan difícil y le ayudará a formar el hábito más rápido.

¿Cuánto tiempo para su nuevo buen hábito de convertirse en habitual?

A menudo se oye decir, "toma 21 días para formar un nuevo hábito". Este es un error. Todo comenzó con un libro escrito por Dr.Maxwell Maltz. Dr. Maltz era un cirujano plástico en la década de 1950. Descubrió que lleva a sus pacientes un mínimo de 21 días para adaptarse a su nuevo aspecto después de la cirugía. Este descubrimiento le llevó a publicar su libro más vendido "Psico-Cibernética" en la década de 1960. Lo que el Dr. Malta en realidad dijo fue: 'se necesita un mínimo de 21 días para formar un nuevo hábito.'

Fue fácil para la idea errónea de "21 días" para la propagación, ya que era corto de recordar e inspirar también. Tanto es así que un montón de libros de "autoayuda "hizo un eslogan. Ahora el número 'mágico' ya no se limita a 21. 30, 14 días han sido utilizados por diferentes autores. Sin embargo, no importa cuántas veces una mentira se repite, no puede convertirse en la verdad.

Así que la verdadera pregunta ahora es, ¿cuánto tiempo se necesita para que usted pueda formar un nuevo hábito bueno? Varios investigadores han tratado de llegar a una respuesta a esta pregunta. El consenso alcanzado por la mayoría de estos investigadores es que se necesita un promedio de 2 meses (60 - 66 días) o más para formar un nuevo hábito.

Sin embargo, es fundamental tener en cuenta que el marco de tiempo para formar nuevos hábitos depende de la persona involucrada. Además, quedando atrás por un día o dos no de manipulación indebida con la velocidad del proceso. Así que no se asuste cuando se olvida de uno o dos días con su nuevo proceso de formación de hábitos.

Cómo superar el mal hábito

Un hábito, ya sea bueno o malo, es difícil de romper una vez que se convierte en automático. Un mal hábito de beber o de fumar es especialmente difícil de romper. Sin embargo, para romper estos malos hábitos, puede tomar estos pasos se describen a continuación.

Reconocer el hábito

El primer paso para superar o de liberarse de un mal hábito es tomar conciencia de que no es un hábito que es un mal hábito en el primer lugar. Usted puede hacer esto mediante el seguimiento de la frecuencia con que complazca. Al mantener un registro de su mal hábito, usted será capaz de ver con qué frecuencia se involucra en ella.

Cuando reconoces sus malos hábitos, que será fácil para usted para retirarse de forma gradual. Por favor, no te critiques por tener malos hábitos; En su lugar, trabajar en los pare.

El trabajo a detener su hábito pésimo

Después de reconocer sus malos hábitos, el siguiente paso lógico debería ser para detenerlos. Aunque puede tomar algún tiempo para lograrlo. Por ejemplo, si usted se encuentra comiendo chatarra entre comidas, puede reemplazar la chatarra con alimentos saludables como el agua o cualquier otra actividad hasta que no se siente la necesidad de comer basura más.

Dese crédito por resistirse a su mal hábito

Como se aplica para formar un buen hábito, también a sí mismo debe dar crédito y una palmadita en la espalda cuando a superar su mal hábito diario. Esto servirá como motivación para continuar a luchar contra el deseo de participar en este mal hábito. Sin embargo, cuando se quiere recompensarse por asegurar la recompensa que usted se da no es algo que se hace todos los días. Por ejemplo, si usted es un amante de la ropa y el amor a la tienda de ropa nueva con regularidad, no recompensarse por la superación de ser mal hábito por la compra de ropa nueva, dese algo que apenas se hace como una recompensa.

La formación de un nuevo hábito bueno es buena para su autoestima. Sin embargo, no es tan fácil como parece, pero, al mismo tiempo, no es tan difícil tampoco. Todo lo que necesita es un poco de paciencia y para hacer uso de toda la información discutida aquí.

Para aquellos que tienen algún mal hábito que quiere deshacerse de, también puede utilizar los puntos discutidos aquí para ayudarse a convertirse en la persona que desea ser.

Capítulo 7: Cómo eliminar influencias negativas

Cuando mucha gente oye acerca de la influencia de frase negativa, que asuma que tiene que ver con las drogas, alcohol u otros vicios sociales. Sin embargo, la influencia negativa es la frase más de vicios sociales. influencia negativa implica esas malas influencias que empujan a tomar decisiones malas. Por ejemplo, puede ser influido en el pensamiento de mal consigo mismo. Esto dará lugar a una baja autoestima. También puede verse afectada a un pensamiento negativo acerca de su vida o su trabajo. Esto podría conducir al suicidio si no es reducido rápidamente. influencia negativa no se limita a tener pensamientos negativos o sugerencias; que puede conducir a hábitos negativos.

Deshacerse de la eliminación de la influencia negativa puede ser un desafío de enormes proporciones. Su tarea eliminación de influencia negativa puede hacerse más difícil si las personas con hábitos negativos que rodean.

Además, estos individuos le recordarán de sus hábitos negativos y obligado para disfrutar de ellos, incluso cuando usted está tratando de eliminarlos. Sin embargo, no todo está perdido. Todo lo que necesita es el compromiso y la perseverancia, y usted será capaz de eliminar la influencia negativa, darle la vuelta y empezar a salir de su vida con más positividad.

El primer paso a tomar si desea eliminar la influencia negativa es cambiar las personas que pasan tiempo con. El siguiente paso es hacer ajustes a la forma en que gastan su tiempo. Estos cambios ayudarán a encontrar la paz y la alegría en su vida.

La siguiente cosa que discutiremos en este capítulo son los diversos pasos que debe tomar para eliminar la influencia negativa de su vida.

Lo que debe saber es que la mayor influencia negativa que habéis asociarse con personas negativas. Son pesimistas y utilizarán este pesimismo para desmoralizar a ti. Pierden su tiempo en tareas sin importancia y que critican al núcleo, si no lo hace no está de acuerdo con ellos. La gente negativa que destruye gradualmente hasta que esté completamente dañado. Al ser dañado, que resultan en alcohol, drogas, cigarrillos, etc. Cuando se dan cuenta de que ha perdido todo su valor, que le abandonan.

El primer paso que debe tomar en la eliminación de las personas negativas es mediante la identificación de ellos. ¿Dónde se ve la gente negativa? ¿Están en su escuela, lugar de trabajo, etc. Reconocer un problema es el primer paso para resolverlo. Como una persona que quiere deshacerse de la influencia negativa, es necesario identificar a las personas negativas que te rodean. Esto puede incluir a las personas negativas que se asocian con la oficina, la escuela si usted es un estudiante, o en casa si usted no está viviendo solo.

Para ayudar a identificar estos individuos, mirada al papel de sus amigos en su vida. ¿Tiene amigos en el trabajo o en el hogar que le hacen llegar tarde al trabajo, desperdiciar su tiempo en actividades frívolas? También pueden hacer sentir mal acerca de sus logros y crecimiento. Estas son las influencias negativas, y si usted tiene tales amigos, es el momento de hacer nuevos.

Como estudiante, si usted tiene amigos en la escuela que regularmente le dan vibraciones negativas, haciendo comentarios negativos acerca de sentirse solo o te hacen sentir triste con sus comentarios como 'tú no el único.' 'Usted no es inteligente.' Si desea eliminar la influencia negativa en su vida, es necesario que se mantenga alejado de estas personas. Hacer nuevos amigos que le harán sentirse bien consigo mismo.

El siguiente lugar que debería mirar para identificar la influencia negativa es en su casa, suponiendo que no se queda solo. Es posible tener miembros de la familia o compañeros de cuarto que se influyen negativamente. Para reconocer su papel en casa, mirar hacia fuera para los familiares que hará la pregunta de quién es usted y su identidad. Esté atento a las declaraciones como 'eres tan tonto, ¿cuándo vas a crecer' personas que hacen tales declaraciones acerca de usted o para usted en su casa son una influencia negativa en su vida. Esto se debe a que te hacen sentir resentimiento hacia su vida. Crean duda en su mente acerca de lo que realmente eres. También destruyen su autoestima gradualmente hasta que se empieza a sentir sin valor.

Cómo manejar influencias negativas

Una vez identificados los que repercutirá de forma negativa en su vida, la siguiente pregunta lógica que debe hacerse es "¿Cómo manejo a estas personas que me influyen negativamente?".

Hemos destacado algunos pasos para ayudarle a manejar las influencias negativas.

Pasar menos tiempo con individuos negativos

En cuanto a identificar con éxito la gente negativa en su vida, usted debe tomar medidas para evitarlos. No importa si la persona es negativa. Poner un poco de distancia entre usted y ellos. Esto le dará tiempo para pensar en sí mismo y reencontrarse sin que sean alrededor para distraer.

Puede distanciarse de la gente negativa, reduciendo la cantidad de tiempo que pasa en el teléfono con ellos si están un poco lejos de usted. También puede evitar tener un uno en -uno conversación con ellos. Tener amigos positivos que le rodean cuando se quiere hablar con ellos para que puedan ver lo que el pensamiento positivo se trata.

Cuando se quiere salir de compras o tal vez la cena, en vez de estar a solas con su amigo cínico, invitar a otros amigos a unirse a ustedes. Esto le impedirá estar solo con su amigo cínico.

Usted está en control de su tiempo. No hay nadie más. No permita que una persona negativa a dictar la forma en que gasta su tiempo. Ellos son paleros de energía. Una vez que se desperdicia es un tiempo que no se puede recuperar. Por lo tanto, pasar su tiempo sabiamente. Ellos nunca aportar nada significativo para su vida, aparte de empuje a unirse a ellos en el lloriqueo de distancia de su valioso tiempo. Pasar una hora con una persona negativa le hará perder tres horas de su tiempo. Horas que podrían haber sido puestos en algún uso positivo. No permita que personas negativas a perder el tiempo. Cuando se les permite en su vida, que están condenados. En lugar de escuchar lo que tienen que decir, distraerse con algunas actividades divertidas. Escuchar música, pasear, o mejor aún, simplemente se excusa.

Los límites de construcción entre el usuario y la fuente de su influencia negativa

Para eliminar la influencia negativa en su vida, límites entre usted y la fuente de la influencia negativa establecida. La construcción de límites le hará sentirse seguro y en control en torno a una influencia negativa. Si bien la creación de límites puede ser útil en el manejo de ciertos individuos, usted puede descubrir que algunos tratarán de infringir estos límites. Trate de mantener sus límites tanto como sea posible, incluso cuando sienta que ha sido invade. La construcción de las fronteras para impedir la entrada influencia negativa es esencial, sobre todo cuando su influencia negativa es del tipo no se puede cortar por completo. Un ejemplo es su jefe, sus padres o hermanos. Configuración de límites limitará su efecto sobre su vida y ayuda a hacer frente a su presencia sin ningún tipo de conflicto y vivir con ellos por necesidad.

Para evitar ser contagiosa, tenga algo que podría influir negativamente y que incluye a las personas negativas. Es muy importante que usted los mantiene en condiciones de mercado. Cuando en un lugar de reunión de grupo, aprender a ser conciso y hablar menos. Ser prolijo con detalles sólo le explotar y que podría terminar hablando de las cosas que no tienen la intención de que hablar.

Mostrar una actitud positiva con una persona negativa

Las personas negativas no pueden evitarse por completo, y nos han dicho que ya en este capítulo. Sin embargo, para manejar o difundir su negatividad, debe mostrarles una respuesta positiva cuando muestran su actitud negativa. Recuperar su actitud positiva al equilibrar sus pantallas negativas con su positivo.

Por ejemplo, cuando su amigo negativo dice que nadie se preocupa por ti, dicen que sus amigos o el amor familiar gracias. Si hacen un mal comentario sobre algo o alguien, contrarrestar su declaración diciendo lo importante que es la cosa o lo generoso que el individuo que trató de sofocar es. Cancelación de que las palabras negativas con su respuesta positiva anularán su influencia negativa sobre usted y su negatividad abordar de manera abierta y proactiva.

Negativo dejar de hablar / pensamiento sobre se

El diálogo interno negativo es tan perjudicial como los hábitos negativos. Usted puede participar en el diálogo interno negativo, pero sólo se centra en las cosas malas que suceden en su vida en lugar de los buenos. diálogo interno negativo puede aplicarse también a la forma de pensar sobre sí mismo. Por ejemplo, una noche de lugar de reunión puede ser cancelada por sus amigos. En lugar de dejar que se vaya, se empieza a decirse a sí mismo que fue cancelado debido a usted. Utiliza palabras como 'nadie me gusta es por eso que no quieren salir conmigo'. Otro ejemplo puede ser algo como esto. Después de tener un día muy productivo en el trabajo, llega a casa en lugar de ser feliz en su día; se empieza a decirse a sí mismo la cantidad de trabajo no se podía hacer.

Por otra parte, mediante el diálogo interno negativo que tienen una visión estrecha de miras del mundo que le rodea. Cuando las cosas no están funcionando para usted y cada vez, lo que no es posible resultado positivo a la vista, lo que significa que usted tiene una sensación de desastre inminente llegando a su manera.

Si se involucra en este tipo de hablar de uno mismo, es el momento de poner fin a la misma, o que no eliminará la influencia negativa de su familia y la vida.

Seres giro negativo a positivo al hablar

Si desea eliminar la influencia negativa, hay que girar comentarios negativos sobre sí mismo a los positivos. El poder de la mente es crucial para la percepción de sí mismo. Los pensamientos negativos conducen al discurso negativo y negativos en palabras lleva a la influencia negativa. Puede cambiar todo eso, pero tener pensamientos positivos sobre sí mismo y, a su vez, tiene una charla positiva sobre sí mismo.

Comience por evaluar cualquier negativa pensamiento que viene a la mente. Después de la evaluación, dar una respuesta positiva a ese pensamiento negativo en particular. Hacer uso de las respuestas positivas como 'puedo hacerlo mejor que ayer. Hacer uso de la 'puede y lo hará' frase para disipar cualquier pensamiento negativo que viene a la mente. Recuerde, usted es lo que usted piensa de sí mismo. El cambio debe venir desde dentro antes de que pueda manifestarse hacia el exterior. Comience el día todos los días con una afirmación positiva de sí mismo. Con consistencia en su parte, se quitará influencia negativa en ningún momento de cada área de su vida.

Ser uno mismo

Su fácil de impresionar a alguien o se ven bien para alguien, pero no siempre es bueno. El simple hecho es que no siempre se puede satisfacer a todos. En lugar de hacer quedar bien a los demás, ¿por qué no se centran en hacerte feliz? No impresionar a nadie, y mucho menos una persona negativa. Sea usted mismo y pasar tiempo de calidad tratando de averiguar las cosas que le hacen Feliz. gastar tiempo con personas que aceptará lo que eres y lo que representan. No persiga las cosas mal.

Determinar su actitud

Una persona que asocia con una persona negativa hace a su / su propio riesgo. Ellos son tóxicos y presentan toxicidad en su vida. Usted no tiene la fuerza de voluntad para tomar sus propias decisiones, ya que está rodeado de pesimistas.

No permita que personas negativas para dictar cómo se debe responder o cómo su estado de ánimo debe ser. Eres tú mismo y en control de lo que está sucediendo a ti. Elija cómo desea que se comporten. Elija cómo desea ser. Decidir la forma de ejecutar su vida porque es tuyo y de nadie más.

Las personas negativas pueden sacar lo peor de ti. Es bastante normal. Lo que es más importante es cómo dejas que este control se negatividad. No deje que sus emociones lo mejor parte de ti. Determinar su estado de reacción. Si usted se encuentra en situaciones negativas, aprender a controlar sus emociones.

Reducir los hábitos negativos

No se puede eliminar o eliminar la influencia negativa si no se retiran los hábitos negativos primero. Estos hábitos negativos, como fumar, beber en exceso, y la fiesta regular, podrían hacer sentir bien momentáneamente, pero tienen un impacto negativo duradero en sus sueños y aspiraciones. Por lo general, te dejan con una resaca mala y un sentimiento negativo en la mañana. Este sentimiento negativo en la mañana hará que la mala gestión del tiempo. El tiempo significa mala gestión que no tendrá tiempo suficiente durante el día para perseguir sus sueños y participar en aquellas actividades que faciliten su desarrollo profesional.

Detener todos sus hábitos negativos será una buena manera de manejar las influencias negativas en su vida. Sin embargo, por experiencia, sé que va a ser difícil de detener todos los malos hábitos de pronto, por lo que sugiero recortando en sus hábitos negativos. Esto va un largo camino para la eliminación de influencia negativa en su vida. Por ejemplo, en lugar de salir todas las noches después del trabajo para el bar para un par de copas que generalmente conduce a una copa de más, se corta de nuevo a una o dos veces a la semana.

Algunas personas dan la excusa de estar estresado como la razón que beben cada noche. Usted puede manejar su estrés mediante la participación en actividades saludables como la noche corre alrededor de su vecindario. Si usted no es aficionado a correr, se puede obtener una bicicleta y bicicleta alrededor de su vecindario también. Usted se sentirá menos estresado después de participar en cualquiera de estas actividades. Es lo mismo que tener amigos una o dos veces a la semana y cocinar para ellos. La interacción social es una manera buena para deshacerse del estrés.

Tener un estilo de vida positivo

Usted puede deshacerse de la influencia negativa dejando un estilo de vida positivo. Puede empezar por tener comidas saludables. Las comidas saludables deben incluir una gran parte de las comidas hecho a sí mismo y menos basura. Una dieta equilibrada de proteínas, verduras y frutas, así como la leche, debe ser parte de sus comidas. Recuerde beber agua adecuada también para mantenerse hidratado. Reducir o refresco o posiblemente evitar por completo, así como otras bebidas azucaradas.

La siguiente parte de su estilo de vida positivo debe ser conseguir suficientes horas de sueño. Esto es una cosa que mucha gente no le prestan mucha atención a, pero, una cantidad suficiente de sueño cada día juega un papel en su estado de ánimo y cómo se siente consigo mismo. Cuando se obtiene una cantidad suficiente de sueño, no se agotan antes del día ni siquiera empezar y va a estar en un buen estado de ánimo. En la economía actual, es fácil para usted a dormir negligencia, pero es esencial que dormir en un momento fijo para garantizar que no se desvía de ella. Configure su habitación para asegurarse de que obtiene dormir tanto como sea posible. Si usted mantiene su horario de sueño, se encontrará más relajado y en un marco más positivo de la mente.

Además, el tiempo recomendado para el sueño adecuado es de nueve horas, asegurarse de que obtiene ese número en un día.

Tomo nota de sus hábitos poco saludables

Es normal que una persona debe tener algunos hábitos poco saludables por lo que no debe sentir que eres el único con ellos. Sin embargo, saber lo que estás son malos hábitos y buscando formas de eliminar les ayudará a eliminar la influencia negativa.

Para tener efectivamente nota de estos malos hábitos o negativos, pensar acerca de los hábitos que te hacen sentir deprimido y triste sobre sí mismo. Esos hábitos que te dejan con la sensación de que su vida es una mierda y drena su energía por lo que es difícil para que usted pueda centrarse en hacer las cosas que ayudarán a su desarrollo e influir en su vida de manera positiva.

Los ejemplos evidentes de estos hábitos son fuertes dosis de consumo de alcohol, abuso de sustancias, salidas nocturnas y los malos hábitos alimenticios. Las menos obvias son las relaciones no saludables que te dejan con los sentidos de la depresión y la tristeza. Otro ejemplo de este tipo de hábito es la autoestima odio y aversión, baja autoestima. Es muy recomendable que documente estos malos hábitos o negativos para que pueda saber cómo manejarlos.

Cómo ser una influencia positiva en la gente que le rodea

Muchas personas tienen una o dos personas en su vida que tienen una perspectiva negativa sobre la vida. Es posible que desee para ayudarles a eliminar la influencia negativa en sus vidas e influir de manera positiva, pero no know-how.

La mejor manera de ayudar a un individuo así es para mostrarles como positiva su vida es a través de la actitud que se vea. Trate de ser el mejor que puede ser por vivir una vida feliz, alegre y activo. No trate de mala calidad o tecnología como vivir su vida, ya que se hacen resentimiento hacia usted.

En resumen, la eliminación de la influencia negativa requiere un esfuerzo consciente de su parte porque nadie puede cambiar cuando usted no quiere cambiar. Coherencia con lo que quieres hacer es también crucial.

Por otra parte, si se ha probado la mayoría de las cosas sugeridas aquí y que todavía se encuentra el tener pensamientos negativos sobre sí mismo, trate de meditación. La meditación le ayudará gradualmente a deshacerse de los pensamientos negativos que entran en su mente. Se le ayudará a centrarse en el presente más que en el pasado donde sus pensamientos negativos por lo general te llevan a.

Capítulo 8: ¿Qué es la Atención?

¿Alguna vez ha tenido que dar un paseo por el parque y darse cuenta de que no recordaba nada acerca de su viaje? ¿O bien, empezamos a comer un paquete de chocolate y se dio cuenta de que se quedaron con un paquete vacío de repente? Esto es común para muchas personas.

Estos son ejemplos bastante típicos de "mente-menos-dad ", que también se conoce como el estado del piloto automático.

Según la investigación, una persona promedio es por lo general en el piloto automático, el 47% de las veces. Esta se caracteriza por un estado de ánimo en el que nuestra mente se distrae, y no estamos en su totalidad en el momento, en lugar de la atención plena.

Se espera que esto, ya que hay muchas cosas para distraer a alguien en este mundo ocupado e interconectado. Sin embargo, las desventajas del modo de piloto automático son evidentes, ya que priva a las personas de apreciar la belleza de la vida. No somos capaces de estar en sintonía con nuestro cuerpo y espíritu.

Por encima de todo, somos propensos al estrés, la ansiedad y la depresión. Esto hace que la atención plena en una herramienta esencial para la vida efectiva.

¿Qué es la Atención?

La atención es lo contrario de estar en el modo de piloto automático descrito anteriormente. Se trata deliberadamente de tomar el control de nuestra vida, los sentimientos, pensamientos, y la atención.

La atención plena implica simplemente ser conscientes de nuestros sentimientos, pensamientos, entornos y sensación de cuerpo a medida que surjan. Se trata de estar en sintonía con el momento sin ser un juez.

Podemos explorar tres enseñanzas específicas de la definición de la atención dada anteriormente:

1. Conscientemente en sintonía con nuestra atención

Con la atención, tenemos que estar en control de nuestra atención por completo. Esto es diferente del modo de piloto automático; muchos de nosotros nos encontramos. Con el modo de piloto automático, nuestra atención es como un ser cometa barrió con las olas de varios pensamientos.

Ser consciente, sin embargo, implica estar en sintonía con nuestra atención. En otras palabras, somos conscientes y despiertos.

2. Nuestra atención se basa en el Momento

Nuestra mente es muy terca y se desviará desde el momento presente en cada mínima oportunidad. Siempre hay algo del pasado para la reflexión. También no le importa tener que preocuparse acerca de eventos futuros. Esto nos roba la oportunidad de estar en el momento.

Con la atención, sin embargo, usted está en este momento. No se llevan a cabo por la preocupación de tratar de analizar las cosas y pensando en el futuro. En cambio, aceptamos el momento y fluir con ella.

3. Llevamos a cabo nuestra atención sin juicio

La idea de la atención plena no es controlar suprimir o detener nuestro proceso de pensamiento. Se trata de ser testigo de estos pensamientos, sentimientos y experiencias que se presenten.

Con la atención, nos volvemos un vigilante, un observador de estos pensamientos y emociones sin interferir. Cuando nos volvemos a nosotros mismos a un observador, es menos probable que se pierda en la inconsciencia.

Ejemplos de la Atención en la vida cotidiana

Hay varios escenarios y acontecimientos de la vida cotidiana en la que la atención entra en juego. Estas son situaciones en las que nos hallamos sin pensar y funcionar en piloto automático. Sin embargo, si aplicamos la atención, hay muchos beneficios que vamos a cosechar.

1. Caminar de un punto a otro

Una de la importancia de la atención es cómo se puede transformar las actividades más simples y más mundanas en una experiencia que vale la pena. Esto implica la toma de conciencia y no juzgar, como se discute.

Con lo anterior en mente, evitar que su mente fluya con cualquier pensamiento que venga. En su lugar, estar inmerso en lo que quiera que haga. En otras palabras, cuando usted toma su viaje, tomar nota de cada paso. Además, tenga en cuenta la forma en la brisa riza su paño y cómo se acaricia su piel.

Escuchar a los pájaros cantar y ver el patrón formado por las copas de los árboles a su alrededor. Reloj, la experiencia, y apreciar todo esto a medida que avanza en su viaje.

2. En hablar con otras personas

¿Vamos a utilizar Robin y abril como un ejemplo de cómo la atención plena puede ayudar? Robin es loco en abril y trata de soportar su mente y derramar su sentimiento. Aunque las palabras de Robin podrían ser dura, llena de emociones, abril podría tratar de comprender la perspectiva de Robin sin ser un juez.

Esta voluntad implica abril soltar todos los prejuicios e instar a las embarcaciones de una respuesta para Robin. Más bien, se podría optar por escuchar a Robin y tratar de entender las cosas desde su punto de vista. Esto le permitirá responder de una manera bastante compasivo. Con esto, ambas partes pueden llegar a un resultado productivo bonita y resolver sus problemas de manera amistosa.

3. Antes de un discurso público

Un número significativo de nosotros temor a hablar en público. Podría ser difícil concentrarse cuando cientos de extraños perforan sus ojos en usted. La buena noticia es que, con la atención consciente, se puede tratar con el estrés que proviene de hablar en público.

Se podría empezar con la respiración suave y consciente. Se podría tomar algún tiempo fuera y se centran en los pensamientos que vuelan a través de su mente. La idea aquí es reconocer y aceptar cómo se siente, en lugar de temer la negatividad que puede ser que desee presentarse.

Se recomienda tener su conciencia en torno a las sensaciones corporales que está experimentando. Esto implica considerar y enfoque en cada parte de su cuerpo y aliviar la tensión. Tomar nota de la sensación ya que sus músculos se relajan, y desaparece el estrés.

¿Cómo practicar la atención?

Hay dos formas primarias de la atención plena. Podría ser una práctica formal o informal atención.

- La práctica formal se llama la atención una práctica de meditación. Este es la común recomendada por el Buda. Se trata de entrar en una posición cómoda y cerrar los ojos. Aunque algunas personas les resulta fácil meditar mientras se camina o acostado hecho tan bien, sino que también implica la búsqueda de un mantra, como un sonido o un movimiento que ayuda a su atención.

- La práctica de la meditación informal no tiene que estar en cualquier posición formal. Usted puede hacer esto en cualquier momento con cualquier cosa, ya que es aplicable a la vida cotidiana. Esto implica bañar con atención, lavar los platos con atención, escribiendo con su atención inmersos en ella, y co.

Maneras distintas diez a practicar la atención

Aquí hay diez maneras distintas en que la atención puede ser parte de su vida diaria.

1. Tomar algún momento y ser consciente de su respiración

En otras palabras, el aviso cómo fluye el aire que entra y sale de los pulmones. Tomar nota del movimiento de su abdomen, la forma en que sube y baja con sus respiraciones

2. Sea consciente de lo que se dedican a la

Podría estar sentado, escribir, comer, relajarse, leer o cocinar. Sumergirse en la actividad y no lo que está pensando. Si está leyendo, por ejemplo, cuenta de cada palabra y la imagen de su mente pinturas medida que lee.

Si va a comer, tomar nota del sabor, color, y cómo la comida se siente en la boca mientras se mastica.

3. Prestar atención a su viaje

Cuando en un viaje, no deje que su mente en pensamientos sin fin. Poner su conciencia en el arte de caminar. Deje que su atención sea en cada paso y observe cómo se siente su peso sobre la pierna.

4. Está bien existen sólo

En otras palabras, usted no tiene que estar haciendo algo. Todo lo que requiere es que usted esté presente en el momento.

5. Traer de vuelta hasta el momento

Sí, nuestra mente está bastante terco. Será vagar en algunos pensamientos. En lugar de juzgarse a sí mismo, se trae de vuelta al momento dirigiendo su atención a su respiración. Centrarse en tener un músculo relajado como usted hace esto porque usted se sentirá mucho mejor.

6. Proceso mental son pensamientos

En otras palabras, lo que está pasando en su mente no es necesariamente cierto. Usted no tiene que actuar ellos o creer en ellas.

La atención plena nos enseña acerca de estar en el momento y llegar a un acuerdo con las cosas que nos rodean. Se trata de destacar lo que sucede dentro de ti sin ser un juez.

7. Trate de ser un observador

A medida que se hizo más consciente de sus sentimientos y el pensamiento, desprenderse de ellos. Aceptarlos sin juzgarlos.

8. Participar en actividades que lo hagan en Sintonía

Hay actividades sorprendentes que ayuda fuerza en sintonía a cabo. Estos son fantásticas oportunidades para tener la atención. Asegúrese de aplicar la atención plena en simple día a día las actividades como conducir, natación, lavado, o la lectura.

9. Ser una parte de la Naturaleza

Hay muchos efectos positivos de pasar tiempo en la naturaleza. Sin embargo, es una gran manera de observar sus pensamientos.

10. Su mente era capaz de quedarse dormido y dejarse llevar por pensamientos. Esto es totalmente natural. No te rindas como todo lo que necesita hacer es traer de vuelta al "ahora".

La atención plena exploración de lo que no es ...

La atención plena aboga por la conciencia, que es un todo de electricidad pueden aprovechar. Es necesario suficiente práctica y paciencia para entender esto.

- **La atención plena no se trata de andar por la nube**

La atención plena predica conexión con nosotros mismos, en lugar de andar por la nube. Se trata de ser consciente del momento y correlacionarla con nuestros pensamientos. No hay ningún ritual especial que tenemos que hacer para que esto suceda. Tenga en cuenta la atención es sobre el "ser" y no "hacer".

- **La atención plena no está prestando atención solamente Sobre**

Sí, usted tiene que prestar atención, pero es única. Se trata de prestar atención a la curiosidad, la bondad y la mente abierta, mientras que dejar de lado todas las

- **No existe una especial experiencia con atención plena**

Muchas personas se acercan a la contemplación con algún tipo de expectativa de una experiencia extraordinaria. Esto, sin embargo, provoca frustración cuando él dijo que la experiencia se demora. Incluso práctica de la atención con la esperanza de calma sólo se pondrá en marcha para la decepción. Esto no es cómo funciona, ya que estas expectativas interfieren con nuestros pensamientos.

A pesar de que podría haber algo de calma que viene con la atención, esto no siempre está garantizado.

- **La atención plena no implique Alterar los sentimientos difíciles**

Una vez más, la atención es más sobre "ser" y no "hacer". Con esto en mente, la idea detrás de la atención no es para cambiar las cosas, incluso si es desagradable. Más bien, se trata de la aceptación y el conocimiento de nuestros pensamientos, sentimientos y sensaciones.

- **La atención plena no se trata de ser perfecto**

La perfección es un ideal, no una realidad. Nadie o situación es perfecta. En química, hay un concepto llamado el gas ideal. No es más que una suposición de la realidad, ya que es un espejismo. De la misma manera, la perfección no es una realidad.

Nuestra vida en este momento es la realidad, y con atención, podemos llegar a un acuerdo con él.

Capítulo 9: Cómo conseguir una buena noche de sueño

El efecto de la buena noche de sueño no se puede exagerar. Es primordial para el bienestar mental, físico y emocional de un hombre. Esto explica por qué no dormir lo suficiente no hacer mella en el bienestar físico, la productividad, e incluso puede conducir a exceso de peso. Lamentablemente, debido a las preocupaciones de la vida cotidiana, muchas personas les resulta difícil reunir sus pensamientos y obtener una buena noche de sueño.

Cuando esté completamente despierto a las 2 horas mirando al techo, para conseguir una buena noche de sueño podría parecer como un espejismo. La buena noticia, sin embargo, es que se pueden tomar medidas para controlar su sueño y asegurarse de conseguir una buena noche de sueño. Esto puede atribuirse a simples rutinas durante el día que se pasan por alto.

Si ha elegido hábitos diurnos malas, como el exceso de alcohol o ejercicio cerca de la tarde, afectaría sin duda su sueño. Nosotros, sin embargo, tenemos algunos consejos interesantes con las que se puede obtener una buena noche de sueño.

Consejo 1: estar en sintonía con su ciclo sueño-vigilia

Una de las mejores estrategias para conseguir el sueño de una buena noche de es estar en sincronía con el ritmo circadiano. Si mantiene un ciclo de sueño-vigilia definitiva, la calidad de su sueño será mejor. Algunos consejos para que esto sea posible son los siguientes:

El sueño, al mismo tiempo todos los días

La idea detrás de esto es mantener regularmente el reloj interno de su cuerpo, lo que, a su vez, aumentar la calidad de su sueño. Su hora de acostarse debe ser cuando se está estresado o cansado. Esto evitará que gire y lanzamiento.

Control de la siesta

No tenemos ningún problema con la siesta, ya que podría ser una excelente manera de compensar una noche de insomnio. El problema con la siesta, sin embargo, es que podría afectar a la calidad de su sueño por la noche. Con esto en mente, limitar las siestas a un máximo de una hora en la tarde.

Control de necesidad de dormir después de la cena

Es común y normal que se sienta con sueño después de comer, especialmente si se trata de una comida pesada. Resistir el impulso de acurrucarse su sofá y dormir fuera. Más bien, levantarse y empezar a moverse. Encontrar algo que hacer, como lavar los platos, conversando con su cónyuge, lectura, o presionando su ropa para el día siguiente. Dormir antes de lo habitual puede hacer que usted se despierta a media noche, lo que lleva al insomnio.

Consejo 2: Sea Exposición Inteligente Con Luz

Existe una sustancia que se produce naturalmente en el cuerpo llamada melatonina, que es controlado por la luz. La principal tarea es la de regular el ciclo sueño-vigilia. En la oscuridad, el cerebro segrega más melatonina, que induce el sueño. A la luz, así, el cerebro segrega menos melatonina, lo que le hace muy alerta. El problema viene cuando se altera la producción de melatonina. Como resultado de ello, vamos a explorar cómo controlar su exposición a la luz.

Influir en su exposición a la luz durante la Luz

- Obtener Más luz brillante en la mañana: Lo antes posible todas las mañanas, se exponen a la luz solar. Tome un paseo en su compuesto o deslizar los ciegos de manera que los rayos de luz entrar.
- Pasar el tiempo suficiente en el Día Fuera: cuando se tiene un descanso en el trabajo, ir a dar un paseo. Ejercicio al aire libre o dar un paseo con su perro.
- Dejar entrar más luz natural en su oficina o en el Trabajo. Es una buena idea tener la ventana persiana abiertas durante el día en el trabajo o en su oficina.

Influir en su exposición a la luz durante la noche

- Evitar brillante pantalla de una hora para cama: La luz azul que viene de su dispositivo móvil, pantalla, TV, PC, etc. no ayuda a su sueño. Como remedio, utilice software de alteración de la luz o reducir el brillo totalmente si no puede permanecer lejos de sus aparatos
- Evitar la lectura con los dispositivos de luz de fondo: Detener el uso de teléfonos, tabletas, etc., para leer por la noche.
- Trate de dormir en una habitación completamente a oscuras: Mantener las fuentes de luz de su habitación. Utilice una cortina pesada para bloquear los rayos de luz. Sueño con una máscara si no se puede controlar la fuente de luz.
- Si tiene que salir de la cama por la noche, utilizar luces tenues. Esto hará que sea fácil para que usted pueda volver a dormirse.
-

Consejo 3: El ejercicio durante el día

El ejercicio regular es una de las mejores maneras de conseguir una buena noche de sueño. Si usted hace ejercicio durante el día, se va a dormir mejor por la noche. El ejercicio regular puede ayudar a vencer el insomnio. Además, también le ayuda a vivir en un sueño profundo más.

- ejercicio más vigoroso te hace dormir mejor por la noche. Sin embargo, no importa lo poco que ejercen, además de aumentar la calidad de su sueño.

- Es esencial para construir un hábito de ejercicio de calidad. Esto se debe a que es posible que no vea el efecto del ejercicio regular hasta después de un par de meses.

<u>Sea inteligente con su calendario de ejercicios</u>

Hay muchos beneficios del ejercicio, como el aumento de la temperatura corporal, impulsando la frecuencia cardíaca, y el aumento de la tasa de metabolismo. Esto es bueno si se hace ejercicio en la mañana o por la tarde. Hacer ejercicio en la noche, sin embargo, puede ser una receta para el desastre.

Con esto en mente, el ejercicio vigoroso debe terminar por la tarde. Si debe ejercer en la noche, que sea de bajo impacto y yoga suave como, estiramiento, o caminando.

Consejo 4: tomar nota de lo que come y bebe

Desconocido para muchos, la elección de los alimentos también juega un papel muy importante para influir en la calidad de su sueño. Como resultado de ello, tenga presente lo siguiente en cuenta ya que influyen en su dieta:

Reducir la cafeína y la nicotina:

Desconocido para muchas personas, la cafeína interfiere con el sueño. Puede afectar a su sueño de una manera horrible y podría estar activo durante todo el tiempo como 12 horas después de beberlo. También, evitar fumar cuando está cerca de la hora de dormir. No ayuda a su sueño.

Evitar comidas enormes en la noche

Idealmente, se recomienda tener su cena temprano en la noche. Debe ser por lo menos dos horas antes de acostarse. Una comida pesada no le ayudará. Manténgase alejado de la comida picante y ácida también.

Reducir la ingesta de líquido por la tarde

Cuando usted bebe el exceso de líquido, la vejiga se llena, lo que hará que se despierte sin cesar para ir al baño. Esto afecta a su sueño.

Consejo 5: relajarse y despejar la cabeza

Hay muchas razones por las personas les resulta difícil dormir bien. Podría ser el estrés, ira, preocupación, ansiedad, y muchos otros factores. Por esta razón es necesario tomar medidas para controlar su salud mental mediante la reducción de su nivel de estrés en general. Se puede recorrer un largo camino en la relajación de la mente y la preparación para una buena noche de sueño reparador. La idea de esta sección es centrarse en el desarrollo de hábitos útiles como técnicas de relajación, meditaciones, escuchar música suave, etc., con la intención de inducir el sueño.

Si usted se encuentra desconcertado con sus preocupaciones de manera que no le deja dormir, tiene que concentrarse en esta parte. Si el exceso de estimular su cerebro en el día, estableciéndose a dormir puede ser difícil. Por ejemplo, muchas personas no pueden concentrarse en una sola tarea por mucho tiempo. Son culpables de estar constantemente en busca de algo nuevo y fresco para estimular a sí mismos. Esto hace que sea muy difícil relajarse.

La mejor manera de hacer esto es establecer el tiempo extra para relajarse, ponerse al día con amigos a través de chat, ver sus medios de comunicación social. Además, la idea es concentrarse en una sola tarea a la vez. Esto ayudará, y usted será capaz de calmar la mente cuando se está a punto de dormir.

Muestra la respiración profunda ejercicio para ayudar a dormir mejor

La idea de este ejercicio es hacer que respirar desde el vientre y no el pecho. De esta manera, puede activar las técnicas de relajación que producirán un efecto calmante instantáneo de la presión arterial, la frecuencia cardíaca y los niveles de estrés. Los pasos siguientes describen cómo ir sobre él:

- Estaba en una posición cómoda con los ojos cerrados
- Tener una mano en el pecho y la otra en el abdomen
- Respirar por la nariz y ver la mano sobre el aumento del vientre. Debe haber un pequeño movimiento con la mano en el pecho
- Exhale por la boca y exhala el aire tanto como sea posible. La mano sobre el vientre debe moverse en cuando se inhala, mientras que el otro debe moverse un poco
- Sigue repitiendo el ciclo de inhalación y exhalación por la nariz y la boca. Succionar el aire suficiente para permitir la parte inferior del abdomen aumentando.

Una Exploración del cuerpo del ejercicio para ayudar con el sueño

Al dirigir su atención a varias partes de su cuerpo, se puede señalar en cualquier lugar que se tensó y tomar las medidas necesarias para renunciar a ella.

- Se acostó en su espalda con las piernas extendidas. Sus ojos se cerraron, y los brazos a los lados. Empezar a respirar y dirigir su atención a ello hasta que se sienta mejor.
- Concéntrese en su dedo del pie derecho. Busque cualquier tensión sin dirigir su atención lejos de su respiración. A medida que inhala, imagine cada respiración que fluye de los dedos del pie. Mantenga su atención en los dedos de los pies durante al menos tres segundos.
- Ahora se centran en la suela del mismo pie. Esté atento a cualquier sensación en esa parte del cuerpo e imaginar la respiración que fluye de la suela. Mover el foco al tobillo, la pantorrilla, la rodilla y otras partes del cuerpo. Pasar más tiempo en cualquier parte del cuerpo que se siente tenso.
- Cuando haya terminado con toda la exploración del cuerpo, tomar nota de cómo se siente todo el cuerpo. Debe haber una profunda sensación de relajación que hará más fácil a la deriva.

Conclusión

Gracias por haber pasado a la final de este libro. Esperamos que era informativo y capaz de proporcionarle con todas las herramientas que necesita para alcanzar sus objetivos sean los que sean, y ser una persona positiva.

Este libro se ha discutido acerca de muchas cosas que encontrará interesante. Se ha proporcionado ideas y soluciones que necesita a través de la escala en la vida.

Ahora, sabemos lo que es el pensamiento excesivo, el peligro de pensar demasiado, y la forma en que está vinculada a la productividad general y la salud mental. También aprendimos la importancia de desorganizar la mente, nuestro medio ambiente y cómo formar buenos hábitos y su influencia negativa con el fin de crecer y ser mejor.

El siguiente paso es volver a leer este libro si encuentra algo confuso y llegar a una decisión. Para ser una persona mejor y lograr sus objetivos, es necesario tomar ciertas medidas y riesgos. Esto es lo que este libro ha sido capaz de proporcionar, ideas y consejos que usted necesita para mejorar el mismo.

¡Recuerde, los captadores metas son responsables de las decisiones! Retraso y la dilación es peligroso y puede destruir aún más su vida. Hacer un esfuerzo consciente y deliberado de utilizar este libro para su pleno efecto. ¡No se olvide de comprar para sus amigos y familiares también! Podrían estar en necesidad de este libro para resolver los problemas.

CPSIA information can be obtained
at www.ICGtesting.com
Printed in the USA
BVHW041409050321
601819BV00007B/261

9 781801 843539